秘密小猫俱乐部与足球队

科学大爆炸

[韩]李邵英　[韩]徐海敬/著
[韩]李敬锡/绘　蔡慧前/译

I. 身体篇

四川文艺出版社

图书在版编目（CIP）数据

科学大爆炸 ：全3册 / (韩) 李邵英，(韩) 徐海敬
著；(韩) 李敬锡绘；蔡慧前译. -- 成都：四川文艺
出版社，2024.1

ISBN 9787-5411-6832-1

Ⅰ. ①科… Ⅱ. ①李… ②徐… ③李… ④蔡… Ⅲ.
①科学知识－儿童读物 Ⅳ. ①Z228.1

中国国家版本馆CIP数据核字(2023)第233884号

版权登记：图字 21-2023-44 号

과학이 BOOM 1:우리 몸 (Science BOOM! 1:Our body)
Copyright © 2021 Text by 이소영 (Lee soyoung, 李邵英), Illustrated by 이경석 (Lee kyoungseok, 李敬錫)
All rights reserved. Simplified Chinese Copyright © 2024 by Beijing Standway Books Co., Ltd
Simplified Chinese language is arranged with EBS(EDUCATIONAL BROADCASTING SYSTEM)
through Eric Yang Agency and CA-LINK INTERNATIONAL LLC

과학이 BOOM 2: 동물 (Science BOOM! 2: Animals)
Copyright © 2021 Text by 서해경 (Seo Haekyung, 徐海敬),Illustrated by 이경석 (Lee kyoungseok, 李敬錫)
All rights reserved.Simplified Chinese Copyright © 2024 by Beijing Standway Books Co., Ltd
Simplified Chinese language is arranged with EBS(EDUCATIONAL BROADCASTING SYSTEM)
through Eric Yang Agency and CA-LINK INTERNATIONAL LLC

과학이 BOOM 3: 식물 (Science BOOM! 3: Plants)
Copyright © 2022 Text by 이소영 (Lee soyoung, 李邵英), Illustrated by 이경석 (Lee kyoungseok, 李敬錫)
All rights reserved.Simplified Chinese Copyright © 2024 by Beijing Standway Books Co., Ltd
Simplified Chinese language is arranged with EBS(EDUCATIONAL BROADCASTING SYSTEM)
through Eric Yang Agency and CA-LINK INTERNATIONAL LLC

KEXUE DA BAOZHA QUAN 3 CE

科学大爆炸（全3册）

[韩]李邵英 　[韩]徐海敬　著

[韩]李敬锡　绘

蔡慧前　译

出 品 人	谭清洁
选题策划	北京斯坦威图书有限责任公司
编辑统筹	李佳铌
责任编辑	谢雨环 范菱薇
封面设计	杜　帅
责任校对	段　敏

出版发行	四川文艺出版社（成都市锦江区三色路238号）
网　　址	www.scwys.com
电　　话	010-82561773（发行部） 028-86361781（编辑部）

印　　刷	天津画中画印刷有限公司			
成品尺寸	170mm×240mm	开　本	16开	
印　　张	30	字　数	190千字	
版　　次	2024年1月第一版	印　次	2024年1月第一次印刷	
书　　号	ISBN 978-7-5411-6832-1			
定　　价	198.00元（全3册）			

在幸福的21世纪，人们应该像享受艺术一样享受科学。那么，何为享受科学呢？不是要求我们去掌握世界上所有的科学知识，毕竟科学的发展速度之快，有时连科学家们都无法赶上其脚步。真正意义上的享受科学是指像科学家一样，以创新的思维思考问题，以科学的态度对待世界。

但这样的思维和态度并不是凭空产生的。如今，即便是一些基本的科学常识都会让我们感到陌生，因而亟待一位能够引导我们享受科学的引路人。《科学大爆炸》系列书籍打破了孩子们进入科学世界的壁垒，为孩子们打开科学的大门，让孩子们能够轻松愉悦地学习科学。因此，我建议孩子和家长一起阅读该系列书籍。

李正模（韩国国立果川科学馆馆长）

当孩子们有很多疑问、内心充满好奇的时候，最好的解决办法是什么呢？那就是让他们读一本优质的科学读物。

许多人不喜欢阅读科学类读物，一方面是因为这类书读起来很累、很难，另一方面则是觉得知识性内容读起来很乏味。但有些科学书籍，能够比哔哩哔哩更快、比抖音更有趣地给我们解答科学问题。《科学大爆炸》系列书籍便是其中之一。

跟着一边高喊"我想过平凡的生活"，一边无法隐藏自己科学天才身份，随时随地开启"一起学科学"环节的守浩一起学习，不知不觉间，孩子们不仅为自己心中的疑问找到了答案，还掌握了寻找答案的方法。希望大家能够通过阅读《科学大爆炸》系列书籍，感受到科学的神奇与魅力，尽情享受科学带来的乐趣。

李恩熙（科普工作者）

⭐ ⭐
寻找隐藏在身边的科学

　　"砰！"听到出发信号后，我们用尽全力跑过终点线。

　　"呼，我喘不过来气了，我的心脏快要爆炸了！"

　　这里我们需要思考一下，为什么在剧烈的运动后我们的心脏会怦怦直跳呢？

　　你觉得这是一件理所当然的事吗？事实上，在我们的生活中，那些我们司空见惯的现象背后，都有科学知识的踪迹。去发现那些现象背后的科学道理是件多么令人感到有趣且神奇的事情啊！科学并不难发现，它就在我们身边。

　　《科学大爆炸》系列图书将科学知识融入有趣的故事之中，让我们一边读书，一边感叹："哦！我也有过这样的经历……"通过引起我们的共鸣获得的科学知识，一定会更长久地留在我们的记忆中。

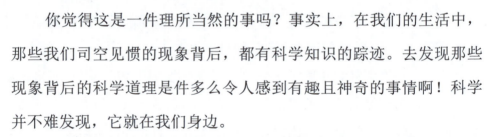

当我们心中产生"为什么"的疑问时，如果找不到正确的答案，想必探索科学的乐趣也会就此结束了吧？

《科学大爆炸》系列图书会在我们产生"我很好奇""我想知道更多"的想法时，"噔"的一下出现一个告诉你科学知识的环节。其中涵盖了学校教学的内容，并贴心地为小读者解释每个概念。那些隐藏在各个角落突然登场的人物，他们幽默的话语和丰富的表情也会增加大家学习科学的乐趣。

我认为，找出隐藏在故事中的"科学"，并去为心中的疑问寻找答案的过程，一定会非常刺激，也会引导我们更加深入地去学习科学知识。读完这本书，相信你一定会对周围的世界更加好奇，也更能感受到科学的有用和有趣。

韩国EBS小学讲师　金文柱

目　录

主要人物

守浩

嗨！很高兴认识你。

我是一个天才少年！但我只想过平凡的生活。

我才刚刚上小学。

想必你一定感到好奇，为什么我之前没有上学呢？

那就接着往下看吧！

安妮

你好！我是一个心地善良并且喜欢猫的美少女。

但是不知道为什么大家都说我脾气火爆，特别是世灿和守浩！

他们真是没有眼光。

世灿

你好！我喜欢骑自行车、吃美食和制作东西。

当然我最喜欢的还是吃美食！

安妮总说我是一个贪吃鬼，但是，谁都无法剥夺我享受美食的权利！

次要人物

吴英雄

你好！我是足球天才，湖水小学的
头号球星。

哼！竟然把我放在次要人物里！

算了，这都不重要，最近我身边
总是有奇怪的事情发生。

有人能弄清楚其中的原因吗？

罗第一

我在足球队的成绩总是比不过吴英雄，
只能拿个第二。

在人物介绍里居然也排在他后面。

可恶！为什么我总是比不过他？

龙老师

哈哈，十分荣幸能出现在人物介绍里。

我充满活力，而且嗓门也很大。

因此，孩子们都叫我"龙老师"。

老实说，我喜欢这个绰号，龙是一种很
神秘的动物。

嘘！可别告诉他们。

我的名字叫 守浩

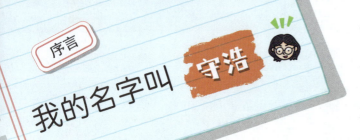

我叫守浩，2岁时的我在玩耍时被书砸中了。

守浩啊！

嘣嘣嘣……

那时我的父母才知道，我竟然已经能识字读书了！

什么！

地球的重力是……

5岁时，我已经会说3国语言了。

这孩子智商难道有250分？

阿里嘎多！你好！三克油！

快看，他居然反着拼积木！

11岁时，我设计了一个机器人。

地球守护者1号

然后我成功将它制做出来了。

锵！

锵！

机器人居然还可以剥香蕉皮！

他做到了！

守浩将来一定能守护地球的和平！

守浩啊，你真是个天才！

但是，我却怎么也高兴不起来……

守浩！守浩！守浩！

守浩！守浩！守浩！

我是卷发 安妮

我叫安妮，我家房子的屋顶是绿色的，院子里有一棵很大的樱花树。

妈妈！我去上学了。

哐当！

看来妈妈是完全迷上了《绿山墙的安妮》这部小说。

安妮，过来扎头发了。

快过来！

我不要！

快点！过来！

我叫世灿，我喜欢制作东西，我会充分利用废品，发挥它们的余热！

哎呀！

这些都是我制作的。

4岁时做的车

5岁时用酸奶瓶和鸡蛋盒做的龟船

6岁时用纸盒做的游戏角色模型

还有7岁时建造的"世灿要塞"，并且周围布满了陷阱，但……

世灿要塞

妈妈却能躲避各种陷阱，突破"世灿要塞"。

妈妈太厉害了！

天气很冷，小心冻感冒了。

学生证

守浩

湖水小学

你好！又见面了，我叫守浩！

接下来就和我一起来学习科学知识吧。

也许你过去不喜欢学习科学，

但请你相信，如果和我一起，你一定会找到很多乐趣！

在第1章中，我们要认识我们身体中负责看、闻和尝的感觉器官。

快来和我一起探索科学奥秘吧！

这个转学生有点怪

·感觉器官·

今天，安妮足足提前40分钟就去上学了。从她的家到学校，途中会经过一个种了一些松树、枫树还有樱花树的小公园，公园的中央摆放着几种运动器材。安妮到了公园后，迅速环顾了一下四周，似乎在寻找些什么。

然后，她从斜挎包里拿出一个袋子，晃了几下，"哗哗哗"，想必这就是接头的暗号吧！不一会儿，就有两只猫从树后面蹦了出来。看到它们，安妮的脸上露出了笑容。

过了一会儿，又有两只小猫崽摇摇晃晃地从草丛中走了出来，原先的两只猫竟然主动腾出地方让它们吃东西。

"小猫咪，你们真是太可爱了！"安妮蹲在离小猫不远的地方，看着它们说道。

　　"好想摸摸你们呀……"安妮伸出手，手指微微颤抖。

　　就在这时，安妮听到有人大喊：

　　"危险！快让开！"

一个戴着圆框眼镜的男孩，看见一只白色的狗冲着安妮奔去，他眼疾手快地将安妮推到一旁，却不料两人双双摔倒在地上。

"你还好吗？我的爆发力太强了，把你推倒了……"

戴着圆框眼镜的男孩喋喋不休，安妮没有听下去的耐心了，她打断了男孩的话。

"好吧，我承认你的爆发力很强，但是你能先起来吗？"

"哦？啊！好，好的。"

"嘶，好疼！"安妮一边喊着疼，一边站了起来。

"你的胳膊流血了！"男孩指着安妮的胳膊喊道。

安妮朝左胳膊肘看去，发现从衣服上渗出了血。安妮顾不上处理伤口，只想尽快离开这里，一旦被那位老奶奶发现安妮又在喂流浪猫，事情就会变得很复杂。

听了安妮的话，男孩回头一看，发现有位老奶奶正朝着他们快步走来。

安妮和男孩飞快地跑出了公园，如果他们被那个老奶奶抓到，那可得听她唠叨好一阵子了。

"呼……现在可以走慢点了。谢谢你帮我，你叫什么名字？"安妮看向男孩问道。

男孩停住脚步，推了推眼镜，说："我叫守浩，今天是我第一天去湖水小学上学的日子，很高兴认识你。"

说着，守浩主动伸出手。

"原来你就是那个新来的转学生！小学生之间是不需要像大人那样握手的。"安妮高兴地说。

"哦，是吗？这是我第一天上学，所以不太明白……"

"什么？"

守浩突然想起刚才发生的事，神情慌张地指向安妮受伤的胳膊，喊道："你得赶快去处理伤口了！"

安妮和守浩加快脚步赶往学校，经过公园旁的住宅和商业街后，湖水小学就映入眼帘了。学校虽然不大，但是那铺着绿油油的人造草皮的足球场却十分显眼。

守浩见状，激动地喊道："我终于成为小学生了！太棒了！"

啊哈，这和我梦想中的学校一模一样！

太棒了！我现在是小学生啦！

25

什么呀？故事正读得入迷呢。

一起学科学

现在是"一起学科学"时间！

好耶！

开始得好突然，可是我不喜欢学科学。

你是谁？你怎么混进来的？

别着急，我会在下一章登场。

"一起学科学"环节会在什么时候出现呢？

记住！我只是一个普通的小学生！

我只是一个小学生！

唉。

想要展现我天才少年能力的时候

这个知识非学不可的时候

无聊的时候

我讲知识时有不同的姿势哦，来选一个吧！

让我来告诉你！

了解一下吧！

必须要告诉你！

这种奇怪的姿势还是不选了吧！

好！那么现在就由我来介绍身体的感觉器官吧！

就决定用这个姿势了

好耶！

啊？

奇妙的感觉器官

我讨厌当示范模特！

人体中的某些器官可以接收外界刺激，我们称之为感觉器官，比如眼睛、鼻子、耳朵、嘴巴、皮肤。

眼睛（视觉）
看东西

耳朵（听觉）
听声音

鼻子（嗅觉）
闻气味

嘴巴（味觉）
尝味道

皮肤（触觉）
感受身体接触到的物体

想象一下，有个球正朝我们飞过来！

是球！

嗯……

正朝这边飞过来！

弯腰躲开！

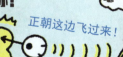

通过感觉器官获得的信息会传达到大脑。

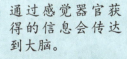

那么大脑就会判断情况，然后向身体下达指令。

嘿！如果没有我，就算能获得感觉信息也无济于事。

你们两个早就认识了？

大家还记得我救安妮时的情景吗？当时我就调动了感觉器官中的听觉和视觉。

汪汪！
听觉
有狗在叫！

嗯……

迅速推开！
啊！

狗正扑向安妮！
视觉

刚才你突然冲过来推我，我磕伤了胳膊，知道我现在有多疼吗？

疼痛可不能怪我，要怪就怪皮肤上的感觉点。

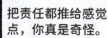
不是指这颗痣吧？

皮肤上的感觉点能感受冷暖和疼痛，如果没有感觉点你就不会感受到疼痛了。

把责任都推给感觉点，你真是奇怪。

那僵尸应该没有感觉点吧？

我们为什么要吃饭呢?

是因为身体生长和活动时需要能量和营养物质。

我们把食物吃进去后，身体里的消化器官就会开始工

作，把食物转化为营养物质和能量。

在第2章中，我们将一起认识消化器官！看看它们

究竟长什么模样，又负责做些什么工作。

有怪味

·消化器官·

　　"吱"一声，世灿在学校门口停下自行车后，纵身从车上跳了下来。那自行车的座位比世灿的腰还高，轮子也特别大，但他却骑得很稳。据说，这辆自行车原先被丢在小区垃圾回收处，世灿把它带回家后，修理、擦拭、喷漆，折腾了好几天才成了现在的模样。世灿给它起了个名字——"疾风3号"。

在校门口的自行车停放处，世灿把"疾风3号"停好后，便朝着安妮跑了过来。

他是在祈祷吗？真奇怪。

安妮！

东西都带来了吗？放学后咱们一起去基地，我给你制作你上次说的那个东西。

真的吗？

你怎么受伤了？

哎呀……

不好意思，我有话要说，她10分钟前摔倒了，擦伤了胳膊肘。现在得赶快去消毒擦药，再不处理的话，伤口里就会进细菌……

你是谁啊？

"他叫守浩，今天刚转来我们学校。"安妮对世灿说完后，又转头看着守浩说，"打个招呼吧，这是世灿。"

"原来你就是那位新同学！以后有什么不明白的，尽管来问我。"

"谢谢，我是第一次来学校——哦不，我是第一次来这所学校，哈哈哈！"

不知不觉间，世灿就走到了守浩身边，并把他那长长的胳膊搭在了守浩的肩上。

安妮得在上课前去一趟医务室请医生帮忙消毒伤口，便留下他们两人，匆匆走向了医务室。

　　快上课时，安妮悄悄地从教室后门走了进来，世灿见状，指着自己的胳膊肘，用口型问道："怎么样了？"安妮抬起胳膊，给他看了看贴着的创可贴。

　　"看那边！"世灿用手指了指教室前面。安妮把书包挂在桌子边，坐了下来。只见教室前面站着老师和守浩。

　　"守浩刚转来我们学校，大家要多多帮助他。"老师对同学们说完，又环顾班级，说，"让我看看你坐哪里好呢？"

安妮一边摇头叹气，一边拿出课本。守浩在世灿旁边坐下后，老师也开始上课了。

"来，大家先把数学习题集拿出来，上节课布置的题大家应该都完成了吧？"

"老师，12点了！"安妮准时从梦中醒来，高声提醒道。

"这么快就12点了吗？好吧，同学们，没做完的题就作为家庭作业吧。"虽然安妮的行为非常不礼貌，但老师并没有批评她，毕竟今天有新同学加入他们的班级。

老师说完后，学生们一窝蜂地跑出了教室。世灿向安妮竖起大拇指说："不愧是时间女王啊。"

安妮冷哼了一声，用手撩了撩头发。

"时间女王？"守浩一脸茫然地看向世灿。

"没错，安妮的外号是'时间女王'。因为她无论睡得有多香，到了12点都会准时醒来。"世灿一边收拾文具一边说。

"喂，快点！"安妮推了推两人的后背，一溜烟儿跑出了教室。

守浩下意识地跟着世灿跑了出去："你们急着去哪儿？"

他们跑下楼后，又沿着走廊一直走，来到一扇白色门前。

"呼……这是哪儿？"守浩累得直喘气。

世灿指着门上的牌子说："看！如果要为上学找一个理由的话，那就是因为学校里有食堂！"

食堂里有很多学生正在吃饭。

世灿拿着餐盘走到打餐窗口，对师傅撒娇道："可以多给我两个翅根吗？"

在听到世灿的声音后，厨师把头转向另一边去。

世灿碰了一鼻子灰，随后便端着午餐来到守浩和安妮旁边坐了下来。守浩看着世灿的餐盘，又看了看自己的餐盘，世灿果然猜中了今天的菜单。

安妮给了世灿一个翅根后，世灿更高兴了，他狼吞虎咽地吃着饭，守浩见状急忙阻止。

"世灿，吃东西要细嚼慢咽，不能狼吞虎咽。"

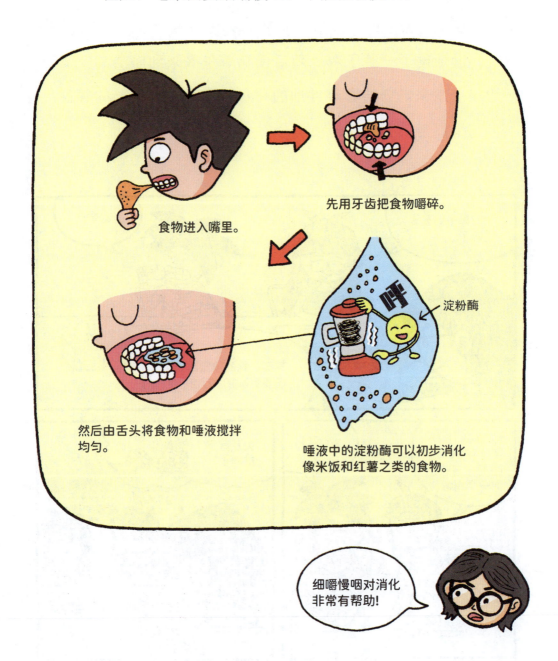

食物进入嘴里。

先用牙齿把食物嚼碎。

淀粉酶

然后由舌头将食物和唾液搅拌均匀。

唾液中的淀粉酶可以初步消化像米饭和红薯之类的食物。

细嚼慢咽对消化非常有帮助！

守浩正专心地给他们讲解有关消化的知识。

"哐当！"安妮突然站了起来，把椅子都弄倒了。守浩、世灿以及周围的学生都看向安妮。

"他来了！"安妮兴奋极了，脸红得像胡萝卜一样。

"谁来了？"守浩环顾四周，颇为不解。世灿则让守浩朝食堂门口看，一群身穿足球服的学生浩浩荡荡地走了进来。

"他叫吴英雄！是我们学校足球队的明星。你应该知道吧，之前他还上了电视呢。"世灿边吃饭边说。

　　"哐当！"

　　这时守浩也突然站了起来。"吴！英！雄！"

　　"终于见到吴英雄了！这就是我来这所学校的原因！"守浩的脸也红得像胡萝卜一样。

一起学科学

世灿，你对美食真是执着啊！

我爱美食！

我们需要从食物中获取营养物质来维持生存！

身体需要的营养物质

我们的身体每天都需要消耗多种多样的营养物质，如果营养不足，身体就无法健康成长，甚至还可能生病哦。

碳水化合物能让我们更有力气。

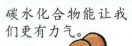

维生素，有助于我们健康成长。

无机盐，是身体形成骨骼、组织、血液所必需的营养。

身体要想形成血液和肌肉，少了蛋白质可不行。

脂肪能帮我们维持体温、保护肝脏、储存能量。

水约占身体重量的70%，负责运输血液和营养物质，调节生理功能。

（碳水化合物　维生素　蛋白质　无机盐　脂肪　水）

奇妙的消化器官

消化是将摄入的食物分解为可吸收、可利用的营养物质的过程，参与消化活动的器官就是消化器官。

消化活动按照编号顺序进行。

我的身体长这样吗？

我不想看这个！

①嘴巴

在牙齿、唾液和舌头的帮助下，食物被嚼碎，变得柔软。

②食道

食物向胃移动的通道。

③胃

食物一般会在胃里停留2～4个小时，其间胃液会将食物变成糊状。

⑤大肠

大肠只吸收水分，那些没有被吸收完的营养物质和水就会成为粪便。大肠的末端与肛门相连，并且里面生活着数百种大肠杆菌，能够阻止有害细菌进入体内。

④小肠

小肠弯弯曲曲的，呈长管状，伸直后有5～7米长，可以分泌出多种消化液，从胃里运过来的食物会在小肠里被分解得更加彻底。小肠内侧表面有许多皱襞，皱襞表面有许多吸收营养物质的绒毛。

⑥肛门

与大肠末端相连，负责将没有被消化掉的食物残渣排出体外。

还有我们！我们是负责分泌消化液、协助消化器官工作的三剑客！

我分泌的胆汁可以用来分解脂肪。胆汁有时会送到十二指肠（小肠的第一部分），有时会储存在胆囊里。

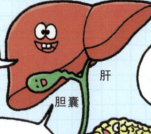

肝

胆囊

我产生的胰液可以分解脂肪、蛋白质和碳水化合物。

我负责储存胆汁，然后送到十二指肠。

胰脏

食物从开始消化到排出体外大概需要1天的时间。

咕嘟咕嘟

你怎么又喝起牛奶了？吃完午饭才30分钟！

我们的胃能容纳1.3到1.4升的食物，相当于3瓶500毫升的矿泉水。

矿泉水 500ml   矿泉水 500ml   矿泉水 500ml

我还可以再喝下一瓶矿泉水！

嚯！真是大胃王！

每当我想象自己和朋友们一起踢足球的场景时，

我就会感到很开心。

但事实上，踢足球并没有我想象的那么简单。

这项运动需要我们身体中的运动器官紧密合作。

在第3章中，我会为大家仔细解释身体运动的机制。

哦！英雄

运动器官（1）

"你居然——"安妮清脆的声音响起，真不敢相信新同学居然也是足球迷！

"吴英雄最想去哪支球队？"

面对安妮这突如其来的问题，守浩先是愣了一下，随后便一脸认真地回答道："托特纳姆热刺队！"

"吴英雄过去一年的进球数是多少？"

"16场比赛累计29分。"

安妮甩出的一个又一个问题，守浩都对答如流。在这场势均力敌的球迷对决面前，世灿的眼睛像钟摆一样左右移动着。

正确答案是介于骨盆和膝盖之间的股骨，我们通常叫它大腿骨！它就像柱子一样支撑着身体。

大腿骨（股骨）

守浩害怕暴露了自己是天才少年的秘密，立即转移了话题："你们知道足球队什么时候纳新吗？我一定要进足球队。"

　　"纳新考试就在下个月，我也一定会进足球队的！"安妮信心满满地说。

　　守浩和安妮之间再次燃起了火花。这时，世灿走到了他们中间。

下课后，安妮叫上守浩和世灿："我们从今天就开始练习足球吧，要公平竞争，友谊第一，明白了吗？"

守浩和世灿两眼放光，跃跃欲试。三人来到了有秋千和单杠的泥地运动场。有几个一年级的学生正坐在秋千上咯咯地笑。

三人把包扔在单杠旁边后，面对面站着，十分严肃地说："我们先做什么呢？"

虽然守浩很想荡秋千，但权衡利弊之后，他决定和小伙伴们一起做热身运动。

三人在欢声笑语中很快就完成了热身，守浩走到单杠前说："我们现在开始练习射门吧！把这里的单杠当成球门，我先当守门员。"

世灿听后，一蹦一跳地跑向远处，然后把球放在脚前，但好几次就在马上要踢到的时候，他都停了下来。

安妮不耐烦地喊道："你倒是快点踢啊！"

"砰！"足球腾空而起，朝天上飞去，然后又掉了下来，骨碌骨碌地滚到了秋千旁边。一年级的学生看见球滚到了脚边，立即从秋千上跳下来，铆足劲把球扔给了他们。

"世灿啊，光靠力气是无法把球踢好的。"

　　安妮捡起球，接着说："让我来给你展示一下正确的射门方式吧。"

　　1，2，3！只见球被安妮用脚尖击中后低低地飞起来，最终落在了在单杠前防守的守浩面前。

　　守浩捡起球说："你不能用脚尖踢球，应该用脚背。"

"还以为你很厉害呢。这次换我试试。"守浩和安妮调换了位置。

守浩活动了一下手腕和脚腕，深吸了一口气。第一次和朋友们一起练习足球，这是一个历史性的时刻！守浩铆足了力气，在一旁观看的世灿也握紧了拳头。

守浩开始踢球了！他先是一个箭步冲了出去，眼睛紧紧盯着足球，只见他将右脚往后一甩，准备发力！"咔嚓！"守浩应声倒地！

安妮和世灿看到守浩摔倒了，赶忙跑去查看情况。

"你还好吗？腿有没有骨折？"安妮和世灿摇着守浩的肩膀问他。

"别摇了，真是太丢人了。"

正在荡秋千的一年级学生看着守浩的窘状哈哈大笑。安妮和世灿一人架住守浩的一条胳膊，把他扶了起来。

守浩拍了拍脸上和衣服上的土，说："我一定要进足球队，和吴英雄一起在绿草如茵的球场上奔跑！"

"我一定要进足球队，成为优秀的足球运动员！"

"我一定要进足球队，吃炖翅根吃到腻！"

他们像鹦鹉一样互相模仿，不约而同地笑了起来。

"明天我们练习传球吧！"

你的腿真的没事吗？

腿骨可是非常结实的。

应该没什么问题吧？

成年人的身体里有206块骨头，儿童有217～218块。儿童在长大的过程中，部分骨头会长在一起，因此骨头总数量会减少。

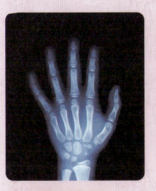

小孩的手

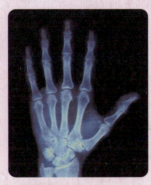

大人的手

对比观察X光照片后才发现，它们真的有所不同呢。

喂！你在干什么？

我想画给你们看一下，我们身体里的骨头长什么样。

57

运动器官之骨头

骨头是非常重要的运动器官，它能够支撑起我们的身体，保护体内的重要器官。如果没有骨头，我们的身体就会变得像鱿鱼那样软绵绵的。

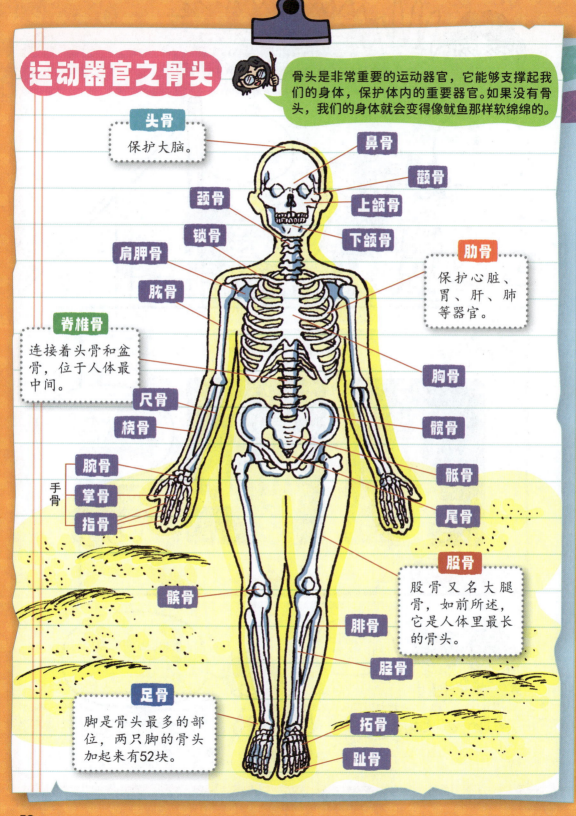

头骨
保护大脑。

鼻骨

颧骨

颈骨

上颌骨

锁骨

下颌骨

肩胛骨

肋骨
保护心脏、胃、肝、肺等器官。

肱骨

脊椎骨
连接着头骨和盆骨，位于人体最中间。

胸骨

尺骨

桡骨

髋骨

腕骨
手骨
掌骨

指骨

骶骨

尾骨

股骨
股骨又名大腿骨，如前所述，它是人体里最长的骨头。

髌骨

腓骨

胫骨

足骨
脚是骨头最多的部位，两只脚的骨头加起来有52块。

拓骨

趾骨

连接骨头的关节

足球运动员的关节容易受伤，我还看到过吴英雄敷膝盖呢，所以"关节"到底是什么呢？

看来你真的非常关心周围的同学呀！

才不是呢！

关节就是骨头与骨头之间的连接部位。我们的脖子可以转动，胳膊和腿可以弯曲，都是因为关节的存在。

关节的结构

骨膜
包裹在骨头表面的膜。

韧带
韧带就像一根绳子，将骨头与骨头连接在一起，脚踝扭伤时又疼又肿，就是因为韧带拉伤。

骨骼

关节腔
骨头间的腔隙。

关节软骨
避免骨头相互碰撞，保护关节不受伤害。

滑液
用来减少摩擦的黏稠液体。

守浩该不会是韧带拉伤吧？

很有可能！

肌肉男拍照区

关于我踢足球摔倒这件事……

想必大家应该都清楚，那只是一次失误！

相信我，我说的可是实话！都是因为我没有好好

热身、放松肌肉，才会摔倒。

那么，第4章我们就来认识这些能够 帮助我们弯

胳膊弯腿的肌肉 吧。

下次我一定先好好放松肌肉，然后帅气地射门。

嫉妒

·运动器官（2）·

守浩透过眼镜投来严肃的目光。安妮觉得守浩刚刚的样子像极了她妈妈，每次妈妈为了看喜欢的电视剧把安妮赶回房间时，脸上就是这副表情。

"我也知道，但是为了掌握足球技术，我愿意放弃一天的生长激素。"

你又拿卷纸来练球了？

"什么？你熬夜看视频是为了学足球？"世灿惊讶不已。

"是啊，麻烦你们回到座位上好吗？我需要休息一下。"安妮边说边挥了挥手。

世灿弯了弯胳膊，好似在向安妮展示什么东西。"不过你看起来连肌肉都没有，为什么会肌肉酸痛呢？得有肌肉，才能疼成这样啊。"

"哼！那不都是肉！"安妮和世灿争论了起来。

"朋友们，快来看啊！"守浩试图转移他们的注意力。

嘣！

"怎么了？"两个人同时看向守浩。

"你们别吵了，我们来解个谜吧，可有意思了。你们知道骨头的'好朋友'是谁吗？就像你们两个一样，非常亲密。"

安妮正在气头上，说道："你说我和世灿是好朋友？开什么玩笑！"

世灿则是不以为意地笑着说："嘻嘻，我和安妮确实是好朋友，但我不知道骨头的好朋友是谁。"

　　课间，世灿一直都在缠着安妮要零食，但是安妮并没有给他。世灿不依不饶，安妮也毫不让步，就连去练习足球的路上，他们也在不停地争吵着。

　　"是你先食言了！昨天答应过我的事你办到了吗？"

"啊！"世灿拍了一下额头，恍然大悟，愧疚地说："我不是故意的，昨天练习完太累了……"

"快看！那边好像有足球比赛，吴英雄正在热身呢！"

听到守浩的话，世灿和安妮顾不上争吵，和守浩一起跑到了足球场。在足球场的一侧，已经有一群学生在等着看比赛了，大家的脸上都洋溢着热情。

"快看吴英雄。哇！他踢足球的样子太有魅力了。"

安妮好不容易挤进这群叽叽喳喳的同学中间，在他们前面坐了下来。守浩和世灿也紧紧地跟着安妮，瞅准时机坐在了她旁边的空位上。

她怎么了？怎么像只熊猫一样？

喂！我都听见了！

　　"世灿啊，我感觉后脑勺火辣辣的。"守浩感到背后同学们的热情如火一般高涨。

　　"没错，后面同学的眼睛里好像能发射出激光一样。"

　　"来！孩子们，准备好了吗？"一个洪亮的声音从远处传来。只见一个脸庞黝黑、肩膀结实的男人走进了足球场。

　　世灿见状，立即告诉守浩："他是龙老师，咱们学校足球队的教练。因为他叫喊起来时就像龙在喷火一样，所以我们都叫他'龙老师'。"

"想必大家都听说了吧？英雄要去参加国家青少年运动员选拔赛了！我认为凭英雄的实力，他肯定会被录取，但我们仍然需要齐心协力地帮助英雄，为湖水小学争光！为国家争光！"

　　话音刚落，龙老师又朝英雄走去，拍了拍他的肩膀，语重心长地说："英雄啊，在选拔赛之前，每天坚持训练保持状态固然重要，但也不要太勉强，毕竟你的这双脚可关系着湖水小学足球队的未来啊！"

加油，英雄！

"好的，老师……"英雄低着头，用球鞋戳着草皮。

比赛开始，足球队的球员们被分成了A队和B队。英雄在A队，队友们几乎每次接到球后都会传给英雄。每当英雄带球到达球门附近时，看台上的欢呼声就变得更加响亮。

"啊——"英雄倒在地上，抓着脚踝不断呻吟着。旁边的罗第一愣在了原地，不知所措。

龙老师跑过来，大声训斥道：

"怎么回事？罗第一！你在干什么？"

"教练，我不是故意的。我的脚确实碰到球了……"

"行了，别说了！英雄，脚踝很疼吗？赶紧去医院看看吧。"龙老师迅速拿来担架，然后叫人把英雄抬走了。

罗第一红着脸，"砰"的一声踢飞了球。这时，几名队友聚集到罗第一身边，拍了拍他的肩膀说："龙老师只是太着急了，找个时间再跟老师详细说说吧！"

罗第一和队友们垂头丧气地走进了足球场一侧的球员休息室，观看比赛的学生也陆续离开了足球场。

世灿一边抱怨着，一边捡起罗第一踢飞的球。当他看见泪流满面的安妮时，立即扔掉了手里的球。

"咦？安妮，你怎么哭了？"

世灿主动给安妮递去了纸巾，其实世灿也非常担心英雄，不管是谁在运动中受伤都是一件让人难过的事。

万一英雄伤得很严重怎么办？万一骨折了，那岂不是参加不了国家青少年运动员选拔赛了？这样下去，会不会影响他的足球生涯啊？

别太担心了。给你纸巾……

坐在一旁的守浩疑惑地扶了扶眼镜，他觉得事情有些不合理。

"奇怪，回想当时铲球的情景，很明显，罗第一的脚并没有碰到英雄的脚踝，而是碰到了球。但是为什么英雄看起来那么疼呢？"

世灿翻了翻口袋，又拿出几张皱巴巴的纸巾递给了安妮。

安妮擤了擤鼻涕，说："肯定是因为疼才那样吧。英雄难道还会骗我们吗？"

"发生这种事，我也没有心情练习传球了，我们走吧。"听到世灿的话，安妮和守浩都点了点头。

一起学科学

英雄真的没事吗？

我听同学说英雄没有骨折，只是肌肉拉伤了。

噗

提到肌肉，你们知道吗？心脏是一个中空的肌性器官，主要由心肌构成。

什么？心脏主要是由心肌构成？

刚才英雄和罗第一摔倒的时候，我心脏都紧张得快爆炸了。

 附着在骨骼上，可以按照我们的想法进行运动的肌肉叫作"骨骼肌"。但是有些肌肉是我们无法控制的，例如心脏、胃、肠子等部位的肌肉，这些"心肌"和"内脏肌"会自己运动。

心脏

我一舒张血液就会进来。

我一收缩血液就会出去。

运动器官之肌肉

 骨头和肌肉是好朋友。如果我们身上只有骨头，虽然能站立但是却不能动。正是因为肌肉牵起了骨头，我们才可以弯曲四肢，活动手指和脚趾。

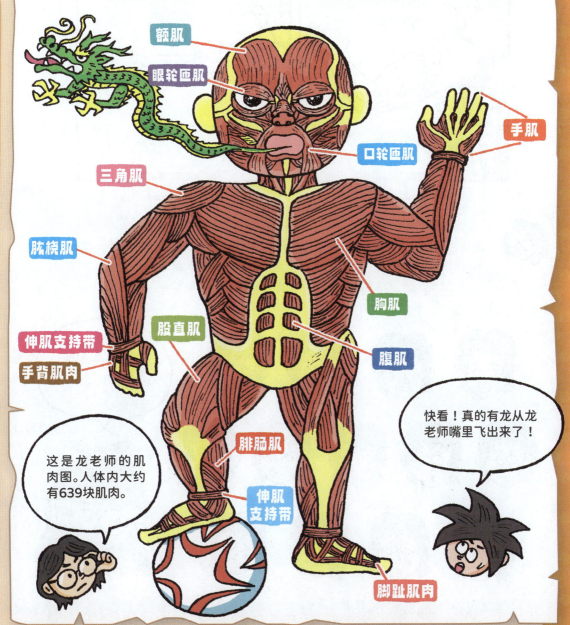

额肌

眼轮匝肌

手肌

口轮匝肌

三角肌

肱桡肌

胸肌

伸肌支持带

手背肌肉

股直肌

腹肌

腓肠肌

伸肌支持带

这是龙老师的肌肉图。人体内大约有639块肌肉。

快看！真的有龙从龙老师嘴里飞出来了！

脚趾肌肉

肌肉舒张和收缩会带动骨头运动，并且肌肉一般都是成对运动的。

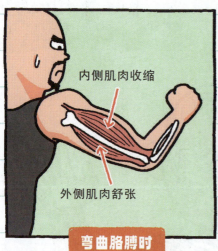

内侧肌肉收缩

外侧肌肉舒张

弯曲胳膊时

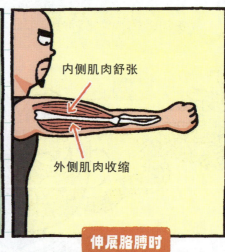

内侧肌肉舒张

外侧肌肉收缩

伸展胳膊时

面部肌肉附着在皮肤上，动嘴唇和眨眼睛都是肌肉的工作。多亏了面部肌肉，我们才可以做出各种表情，如微笑、生气、皱眉等。

吴英雄也有这么多表情啊！

我也想要龙老师这一身结实的肌肉。

肌肉越用越结实，力气也就越来越大。

坚持运动会得到灵活的肌肉？我才运动一天就浑身酸痛了。

平时运动量少，突然做剧烈运动，就会浑身酸痛。

肌肉其实还可以调节我们的体温，当我们感到冷的时候，身体会发抖，这是因为身体想调动肌肉运动，让它发热。

呼呼

怎么凉飕飕的，再这么下去得冻感冒了。

伙伴们，太冷了，我们来一起运动，提高体温吧！

原来龙老师也怕冷啊……

知识进阶

想知道在我们运动时，身体中会发生什么变化吗？那就请翻到第159页，开启科学知识进阶之路吧！

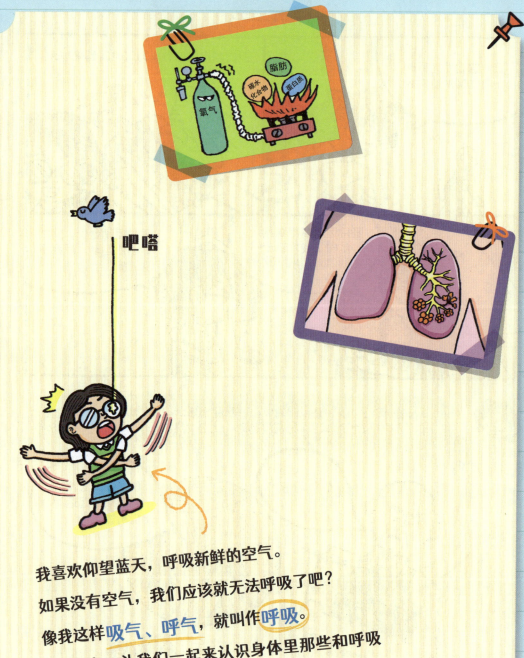

氧气

脂肪
碳水
化合物
蛋白质

吧嗒

我喜欢仰望蓝天，呼吸新鲜的空气。

如果没有空气，我们应该就无法呼吸了吧？

像我这样吸气、呼气，就叫作呼吸。

在第5章，让我们一起来认识身体里那些和呼吸

有关的器官吧！

秘密小猫俱乐部

·呼吸器官·

从学校里出来后，三人沿着常走的路默默地走着，每个人都有自己的小心思。不知不觉，他们就到了湖水公园。

"明天见。"说完，世灿便打算回家，安妮猛地一下抓住了世灿的书包。

世灿，你今天也打算就这么溜走吗？

当然不会！那你把答应给我的东西拿来吧。

好！你先遵守约定。

你们怎么鬼鬼祟祟的？不会是在做什么违法的事情吧？

那我们告诉守浩吧！

"我要建一个猫咪食堂！"安妮一脸认真地说。

"猫咪食堂？"守浩歪着头看着安妮，一脸疑惑。

"就是建一个让猫吃饭和休息的地方，很多人会因为讨厌流浪猫到处乱翻垃圾桶而驱赶它们。但是猫咪其实很乖巧，它们只要填饱肚子就会安静睡觉。如果有一个专门的地方可以让小猫吃饭，那它们应该就不会再翻垃圾桶了吧！这样，人们也许就不会那么讨厌它们了。与其赶它们走，不如想办法让小猫和大家和平共处！"

"你真伟大！"这一刻，守浩觉得安妮就像世界和平女神一样伟大，浑身散发着光芒。

　　"你的想法好棒！我也想加入。"守浩说。

　　安妮看向守浩，笑着回答道："欢迎加入我们！"

　　"那我们现在就带守浩去参观一下基地吧！"

　　世灿迫不及待地抓住守浩的胳膊，热情地说："快来，往这边走！"

　　三人有说有笑地往公园走去。午后的阳光穿过树林，树枝上淡绿色的嫩叶在阳光下闪闪发光。

快跟我一起深呼吸。

这样吗？

吸气时，空气从鼻子顺着气管进入肺部。感觉到肺部充盈着新鲜空气了吗？

食物会到消化器官里，空气也会去身体的某个部位吗？

没错！在生活中，空气中的氧气比食物更重要呢！

食物应该更重要……

真是拦不住！

咕噜噜

还没等走到基地，世灿的肚子就发出"咕噜噜"的声音。

安妮瞪了他一眼，生气地说："还没走多远呢！你怎么就已经饿了。"

"阿嚏！我讨厌夹杂着花粉的空气。"

安妮捂住鼻子，朝人行道旁的草坪走去。繁茂的杜鹃花树下，有3只小猫正蜷缩着身子做美梦呢！安妮将猫粮倒在了离它们不远的地方。

接着，安妮又换了个地方，从包里拿出一罐金枪鱼罐头，"咔嗒"一声打开。这时，老奶奶恶狠狠的声音也从他们身后传来。

"你！就是你！我说过很多次了，不要喂它们！站住，今天我一定要好好教训一下你。"

捣蛋鬼们！

去基地！
好的！

好的！

世灿拉着守浩的胳膊，安妮拿着金枪鱼罐头，三人穿过公园，从公园另一个入口出来后，眼前是一排排商业建筑。

生气、狼吞虎咽地吃东西、体温骤降等都会导致打嗝。那是因为体内帮助肺呼吸的横膈膜在受到刺激后会痉挛收缩。

声带

横膈膜

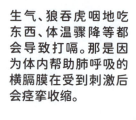

哦！原来如此。

我不想听你讲解。

嗝！

嗝！

这些情况下人体会突然吸入很多空气，为了拦住它们，声带就会关闭。打嗝声就是这些被拦住的空气撞击声带时发出的声响。

嗝！帮我停止打嗝吧。

嗝！

用嘴对着这里多呼吸几次。

呼呼呼呼

将呼出的二氧化碳再次吸入，就会刺激横膈膜打开，这样就不会再打嗝了。

呼！

停下来了！

三人又重新上路，继续走了一段时间后，来到一栋建筑物前。大楼正在重新装修，但不知什么原因工程暂时中断了。

　　"这里就是我们的基地——秘密小猫基地。"世灿热情地为守浩介绍。

　　"我还以为是在地底下呢，原来在这里啊！"

　　"才不是在地下呢！"世灿带着守浩朝一楼走去。只见入口处堆积着一些砖块和木材，再往里走就到了秘密小猫基地。

　　刚进入基地大门，守浩就惊讶地张大了嘴巴，不敢相信地说："这些都是你们自己做的吗？"

　　"都是世灿的功劳，他可是垃圾循环利用大师。"安妮为世灿的动手能力感到骄傲！

　　"我可是个心灵手巧的男孩，哈哈哈！"

　　"别嘚瑟了！快点干活吧。"安妮有些等不及了。

　　世灿从书包里拿出一张白纸后，认真地研究了起来。"要想下雨时不被淋湿，就得把屋顶向一边倾斜，让雨水顺着屋顶流下来。"

　　世灿聚精会神地研究着，安妮突然说："记得给我腾出放猫粮和罐头的地方。对了，差点忘了，冬天挺冷的，应该再腾出一点空间放暖贴。"

　　守浩漫不经心地看了看图纸，提议道："我们可以再制作一个自动喂食机放进去，这样我们不在的时候，猫咪就不会挨饿了。"

　　"听起来不错，但你会做自动喂食机吗？"安妮犯难了。

于是，守浩便在纸上绘制起了自动喂食机的制作草图，并且将原理讲解给他们听。

"哇！"安妮眨了眨眼睛，聚精会神地听着守浩的话，这是她第一次觉得守浩讲的知识这么有趣。

他们一直沉浸在制作小猫食堂的快乐之中，难以自拔。不知不觉间，窗外的天空被夕阳染成了红色。

"喵——喵——"不远处传来了微弱的猫叫声，安妮闻声望去。

"小怪，你怎么又受伤了？"

这只猫真奇怪！白色的身体却拖着黑色的尾巴，两只眼睛更是特别，一颗是活泼的绿宝石，另一颗则是忧伤的蓝宝石，周围有一道触目惊心的伤口。

"它长得好特别，两只眼睛的颜色竟然不一样！"守浩惊奇地说。

"没错，它是异瞳。多亏了小怪，我们才发现了这个地方。当时它正被大猫们追赶，误打误撞躲到了这里。可怜的小怪，每天都受伤。"

安妮心疼极了，边说边抚摸着小怪。那小家伙好像也认识安妮一样，不停蹭着她的脚。

因为它的眼睛有两种颜色，所以才给它起名叫"小怪"吗？

但是，小怪的毛总让我打喷嚏，阿嚏……

"阿嚏，阿——嚏！"

安妮一边打着喷嚏，一边给小怪准备食物和窝。直到夜幕笼罩大地，三人才依依不舍地出来。小怪送他们到楼外，然后又回到秘密基地。

"为什么小怪和英雄总是被欺负？难道与众不同就要被排挤吗？"

世灿说完，一口吞下安妮给的杏仁饼干，嘎吱嘎吱地嚼了起来。

守浩和安妮听后，突然停下脚步。

"你们不回家吗？还是有东西落在里面了？"世灿说。

路灯照在守浩和安妮的脸上，两人黑黑的影子被拉长，眼睛里的火焰在熊熊燃烧。

安妮握紧拳头说："我要守护英雄！就像守护小怪一样！"

安妮的正义与善良如灯光照亮了守浩的心，他斩钉截铁地说："我的直觉告诉我，在英雄身上一定发生了什么不好的事。"

世灿嚼了嚼嘴里的饼干，狼吞虎咽地咽了下去，他实在是太饿了！

"要不，我们还是先回家吃饭吧？"

奇妙的呼吸器官

 吸气时，氧气依次通过鼻子、气管、支气管、肺进入体内。反之，呼气时二氧化碳依次从肺、支气管、气管、鼻子排出体外。这些参与呼吸的器官就叫作呼吸器官。

鼻子

鼻子里有鼻毛和黏液，空气经过鼻子时，灰尘和细菌会被黏附在这里，形成鼻屎。

气管

进入鼻子的空气通过气管向下流动。气管向下经气管杈分为左支气管和右支气管。

支气管

支气管连接着气管和肺，里面的黏液可以过滤空气中的有害物质。

鼻子就像是一台空气净化器，可不只是能闻香味哦！

好想吃翅根啊！

支气管就像树枝一样呢。

肺

支气管末端有像葡萄串一样的肺泡，氧气和二氧化碳的交换就是在肺泡里进行的。

肺泡外包绕着丰富的毛细血管，氧气和二氧化碳正是通过这些毛细血管进行交换。

肺泡里的氧气进入毛细血管，毛细血管里的二氧化碳进入肺泡。

二氧化碳

氧气

毛细血管

肺泡怎么长这样啊？

这是为了输送更多的氧气和吸收更多的二氧化碳。如果把这些长得像葡萄串一样的肺泡都展开，大概有一个网球场那么大。

好家伙！我的身体里有一个网球场？

10.97m

23.77m

肺如何运动

人每分钟呼吸的次数根据年龄、性别、运动情况有所不同，但通常人每分钟约呼吸17次。

相当于每3秒呼吸1次。

肺就像气球一样，吸气就会扩大，呼气就会缩小，但是需要在肋骨和横膈膜的帮助下才可以运动。

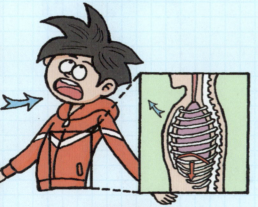

吸气时

肋骨上升，
横膈膜下降。

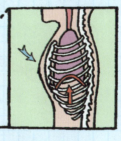

呼气时

肋骨下降，
横膈膜上升。

啊！不好意思，快屏住呼吸。

噗噗

哕！这味道！

97

看到英雄被人欺负，同学们气得血直往头上涌！

血是如何往上流的呢？

血就是血液，总是反复进行着同一段旅程——从心脏出

来，经过全身，再回到心脏。

这段旅行全程离不开心脏，它就像水泵一样，有力地

泵出血液。

那么，是不是心脏用力泵血，血液就会往上流了呢？

第 6 章

奇怪的传闻

·循环器官·

英雄已经三天没来学校了。

每当罗第一经过时，学生们就会在后面不停嘀咕。罗第一心事重重，好像有话要说，但每次都咬紧嘴唇，默不作声地走开。

世灿一边给猫咪食堂刷防水漆，一边说："你们听说那个传闻了吗？"

守浩一边调试着自动喂食机，一边问："什么传闻？"

计时器设定好后，只听"哔"的一声，机器中央盖子打开，饲料倾泻而下，5秒钟后盖子又重新关上。

"成功了！果然，像我这样的天才，想低调都难。"自动喂食机调试成功，守浩高兴地说。

一旁抚摸着小怪的安妮一听这话，手尴尬地停在了空中，喃喃自语道："算了，忍忍吧，这是我朋友，他还帮忙建造了猫咪食堂。"

最不可思议的是，英雄受伤的那天早上，他的储物柜上被人写上了一个红色的"7"，就像血在流一样，你们不觉得吓人吗？

安妮从书包里拿出一个笔记本，上面密密麻麻地写满了有关偶像吴英雄的信息。

"你们看，英雄的魔咒是看见血就会受伤。听说有一次，英雄因为挖鼻孔挖出血，那天就在非常重要的比赛中摔倒了，还拉伤了脚踝韧带。从那之后，他就厌恶挖鼻孔，也开始害怕看见血了，甚至在比赛那天早上连番茄酱都不吃。"安妮一脸严肃地和他们说道。

世灿看着安妮的手册，感叹道："哇！你要是学习也这么认真就好了……我和英雄有共同点，我也很害怕血。如果流鼻血，我就会感觉头晕目眩。"

守浩一边把猫咪食堂装上自行车，一边说："血其实并不可怕，相反我们要感谢它，营养物质和氧气都得靠它输送到身体的各个部位。如果这么想，你就不会害怕了吧？"

世灿和安妮也蹬上自己的自行车。三人沿着蜿蜒的自行车道骑行。

这时，骑在最后面的守浩突然喊道："我们在这条路上骑行，就像血液在血管里流淌一样！我们搬运猫咪食堂，血液搬运氧气。"

安妮并没有参与守浩的话题，她环顾四周后，"嘎吱"一声停了下来。随后，她指着公园厕所附近的垃圾桶说："那里就挺好。"

　　三人经过一番折腾，终于把小猫食堂安放妥当了。正在他们打算离开时，却听到了一阵吵闹声。

　　安妮很好奇，她决定上前一探究竟。世灿和守浩跟在安妮后面。

　　等他们来到公园厕所后的空地，眼前的一幕使他们惊诧不已。

　　罗第一和另外三名足球队成员把吴英雄团团围住：英雄的脚踝上缠着绷带，罗第一的脸涨得通红。

吴英雄，我还有作业要写，今天就先放过你。

你没事吧？差点就出大事了。

我没事，总之谢谢你们了。你们也是湖水小学的学生吗？

嗯，我们是一个学校的。

我在这边都能听到你们心跳的声音。

一般情况下，心脏每分钟大约跳动70次，在运动或兴奋时，会跳动得更快。我们现在太兴奋了！

他说话好奇怪。

三人赶走了欺负英雄的同学后，世灿捡起丢在一旁的塑料袋递给英雄。

"给你，你刚刚去超市了？"

英雄急忙接过袋子，回答道："嗯……我妈让我来买些东西，没什么事我就先走了。"

安妮把手放在右边胸口，注视着远去的英雄，感叹道："我竟然救了我的偶像，我的心到现在还在怦怦直跳呢。"

"补充一下，我也救了吴英雄。还有就是，心脏在左边。"说完，守浩骑上自行车飞奔而去。

安妮见状也骑上自行车，一边追赶一边喊道："等等我，一起走！"

世灿在最后面用力蹬着自行车，飘落的樱花掠过他们的脸颊。

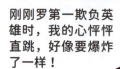

刚刚罗第一欺负英雄时，我的心怦怦直跳，好像要爆炸了一样！

好在英雄没有受伤，不过我们得给轮胎打气了。

心脏为什么会怦怦跳呢？

因为心脏只有不停地跳动才能把血液输送到全身啊。

吱扭 吱扭

心脏连接着动脉血管和静脉血管，心脏跳动时，血液就会进出心脏。对了！实际上，静脉并不是蓝色的，这里是为了方便区分，才画成了不同颜色。

动脉
血液流出心脏的血管

静脉
血液进入心脏的血管

心脏

扑通 扑通
扑通

神奇的循环器官

血液沿着血管在全身流动，参与血液流动的心脏和血管被称为循环器官。如下图所示，血管就像这样分布在身体的各个部位。

血管

血液沿着血管将营养物质和氧气输送至全身，血管就是血液进行全身旅行的通道。

心脏

心脏跳动，让血液流动至全身。

哎呀！还以为心脏不跳了。

不可以打英雄！

停住

血液从心脏出发，在身体里流动一圈后返回，整个过程大约需要1分钟。

如果血管堵了会怎么样？

如果通往心脏的血管堵塞，可能会导致心脏停搏。

咦？这不是刚才我们解救英雄的感觉吗？

从心脏流出的血液中含有充足的氧气，它在流动的过程中会释放氧气，并带着二氧化碳回到心脏。

对了！我要把今天的事情记下来。

血液回到心脏后会怎么样呢？

这个也记下来吧？

心脏把充满二氧化碳的血液输送到肺部后，肺会将血液中的二氧化碳替换为氧气。充满氧气的血液会再次回到心脏，然后输送至全身。

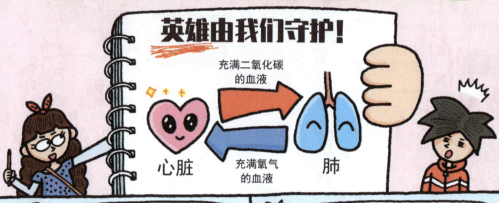

心脏难道不休息吗？

为什么运动时，心脏会跳得更快呢？

如果心脏停止跳动，血液就无法进入血管，紧接着身体就会因为缺氧而停止工作。

运动时，身体会需要更多的营养物质和氧气，心脏加速跳动是为了输送更多的血液。

除了动脉血管和静脉血管，身体里还有毛细血管，它们连接着静脉血管和动脉血管，十分细小，肉眼无法看到。

动脉

静脉

毛细血管

小静脉

小动脉

我觉得只有跑起来，血液才能在血管里"绕地球3圈"。

如果把身体里的血管都连接起来，大约有12万千米长，可以绕地球3圈。

你怎么突然跑起来了？

出现淤青是因为毛细血管破裂了吗？

我上次不小心撞到了桌子，结果被撞的地方就有淤青了。

没错，毛细血管破裂后，皮肤就会出现淤青。要是刚才罗第一没有停手，你的脸上就会有淤青了。

啪！

啊！

等等我！

就算有淤青也没事儿！英雄由我们守护！

想知道身体里的血液是由什么构成的吗？那就请翻到第160页，开启科学知识进阶之路吧！

胳肢窝正在排泄中……

一提到"排泄"，大家都会感到十分不好意思。

但是，请不要将它看成是件难为情的事情。

小便、流汗，等等，这些都叫排泄，是正常的生理现象。

大家会不会有这样的疑问呢？

为什么小便是排泄，大便却不是呢？

是不是和大家所知道的知识有所不同呢？

想知道其中的原因吗？那就和我一起开始第7章的学习吧！

深夜追击

·排泄器官·

走廊里，学生们正安安静静地排着队。

"你们这是排队做什么呢？"世灿一脸茫然地问。

"英雄回学校了，我们正排队等着给英雄送礼物和加油信呢！"

"原来是这样。"

世灿朝队伍里看了一眼，发现安妮和守浩也在其中。

"你们也要给英雄送礼物？"

"我没有准备礼物，但我准备了加油信。这可是我昨晚花了两个小时才写完的。"说完，守浩从口袋里掏出了厚厚的信封。

加油信？

你觉得英雄会接受我的加油信吗？

几乎是同时，世灿指着安妮手里印有心形图案的小纸袋说："是覆盆子蛋挞！你明明答应我，只要我建造出猫咪食堂就给我！安妮，你怎么能说话不算数呢？"

　　安妮听后，紧紧抱住纸袋喊道："走开！这是我给英雄的加油蛋挞。"

　　世灿转过身去，呜呜地擦着眼泪。

　　守浩急忙跑向卫生间，安妮看到后，摇了摇头说："他为什么非要那样说话？"

　　"我发现守浩知识很渊博，不过我没听懂他在说什么。"

　　安妮听后，无奈地看了看世灿。

放学后，三人相约一起去练习踢足球。

"啊，好渴啊！"

三人"扑通"一声坐在操场上。练完球后，每个人都已经汗流浃背了。

世灿拿出水瓶大口大口地喝了起来。安妮也累极了，口干舌燥，立即把手伸向世灿，但世灿却把水瓶递给了守浩。

世灿说："英雄在学校应该不会有事吧？我很担心之前在公园里的事情会再次发生。"

安妮皱着眉头说："这周六就要举行选拔赛了，但愿在那之前一切顺利。"

守浩若有所思，一言不发。

果不其然，不好的预感总是会应验。

从周五早上开始，学校就乱作了一团。有人发现，英雄去年获得的最佳运动员奖杯被扔在学校卫生间的垃圾桶里。听说龙老师非常生气，双拳紧握、眉头紧锁，像龙一样仰天"喷火"。

罗第一感到十分委屈，他闷闷不乐的。英雄似乎受到了打击，脸色发白，提前回了家。

"明天就是选拔赛了，这到底是怎么回事？"安妮感到自己的力量太渺小，无法帮助有困难的同学。

"这是阴谋！有人想让英雄无法参加选拔赛。"世灿愤怒极了。

安妮又哭了。

"真是奇怪！太奇怪了。"守浩扶着眼镜说。

守浩一直嘀咕着奇怪的话，突然问道："朋友们，英雄脚踝受伤的那天发生了什么？"

安妮和世灿听到守浩的话后，纷纷靠向他，说："那天早上，英雄的储物柜被人涂上了红色油漆。"

"没错，英雄的魔咒是看见血就会受伤。那天，因为看见了那个像血一样的字，英雄不仅搞砸了比赛，还受了伤。"

"明天会不会也发生同样的事情？"世灿焦急万分。

安妮喊道："不行！我们必须阻止这样的事情发生！"

"那该怎么做呢？"世灿有些摸不着头脑。

守浩灵机一动："埋伏！"

听到守浩的话，世灿不禁瑟瑟发抖："你的意思是晚上来学校守着吗？我做不到，万一遇到鬼怎么办？"

英雄由我们来守护！

安妮连忙捂住世灿的嘴，说道："我赞成！晚上8点，我们先在公园门口汇合，然后一起来学校。世灿，两个覆盆子蛋挞，怎么样？"

一听到心心念念的覆盆子蛋挞，世灿这才勉强地点了点头。

晚上8点整，三人在公园门口汇合。

世灿指了指守浩戴着的"墨镜"，问道："那是什么？"

"这个眼镜可以感知人的体温，在黑暗中也可以看清楚东西。不会还有人在用手电筒吧？"守浩骄傲地说。

世灿张着嘴巴，惊讶地说道："比起眼镜，更让我觉得意外的是，你家里居然有这种东西，你有时真的很让人捉摸不透。"

守浩担心身份暴露，心虚地推了推他们的后背，说："咱们快走吧，龙老师就要下班了。"

三人越过学校后门的矮铁门，小心翼翼地朝足球场走去。他们躲在长椅后面，如果有人进入球员休息室，他们就能看个一清二楚。值得庆幸的是今晚月亮又圆又亮，四周并不是很黑。

你们怎么知道作案者今晚会来？

如果他是学生，就只能这个时候来学校。要是太晚，就会被困在学校里；如果明天一大早来，又容易被人发现。

为什么说作案者是学生呢？

这个嘛，以后再告诉你们。

世灿用手指沾上口水，抹在鼻子上，边抹边说："一直蹲着，腿都抽筋了。"

安妮见状拍了拍世灿，提醒他注意卫生。

"怎么不卫生了，这可是我奶奶教我的方法，很管用的。守浩，你觉得呢？"

世灿看向守浩，发现他的神情很是奇怪。

　　守浩刚离开一会儿，安妮和世灿就有新发现！黑暗中，一道身影正向足球队的球员休息室走去。看上去这个人的身形比世灿高一些，戴着棒球帽，背着包。果真被守浩猜中了，作案者就是这所学校的学生。

　　"咕咚"，世灿咽了咽口水，小声问道："怎么办？我们要等守浩从厕所回来再一起行动吗？"

　　"不等了。我们现在就去抓住他吧！"

　　安妮站起身，轻手轻脚地向球员休息室走去。世灿则捡起一旁的树枝，小心翼翼地跟在后面。

　　这时，安妮再也压抑不住心中的愤怒，拿着手电筒大喊了一声。

"喂！你就是罗第一吧？这下被我们逮了个正着吧！"

那人听后，急忙扔下手里的东西，一把推开安妮和世灿，仓皇逃走。安妮和世灿向后摔倒在地上。

"喂，站住！"

只见那人飞快地向足球场跑去，就在这时——

"啊！"

随着一声大叫，守浩扑了过去。两人在地上翻来覆去扭打了一阵子，世灿和安妮急忙跑去，想要拉开他们。

安妮打开手电筒，照亮了眼前的场景：守浩正死死抓住那人的腿，墨镜掉在了地上，那人的棒球帽也掉了下来，鼻子还流着血。

看清来者的一瞬间，世灿和安妮都愣住了。

"你！你！你是？"

抓到了！

人体排泄器官

人体在合成营养物质的同时，也会产生许多代谢废物。将代谢废物排出体外的过程叫作"排泄"，参与排泄过程的器官就叫作"排泄器官"。

排泄器官有肾脏、输尿管、膀胱、尿道等。

肾脏

负责过滤血液中的代谢废物，形成尿液。左右各有一个，看起来就像蚕豆，比拳头大一点。

膀胱

其本身是一个肌肉囊，用来储存肾脏过滤出的尿液，尿液里有水和代谢废物。

输尿管

连接肾脏和膀胱的管道。

尿道

排出尿液的通道。

毛团！不可以随地小便！

随着血液在全身循环流动，身体各处积累的代谢废物被运送到肾脏。

肾脏排出代谢废物。

代谢废物储存在膀胱里，然后随尿液排出体外。

膀胱满了之后，就会给大脑传递排尿信号。我们每天会排出1 500～2 000毫升的尿液。

 尿液中95%都是水，其余则是代谢废物。

 我不能再装了！ 尿急。

①膀胱满了

②传递排尿信号

③去小便

守浩的尿液！

 通过尿液的颜色和气味可以判断人的健康情况。

 啊！那是什么啊？

 尿液的颜色比平时深

↳ 体内缺水。

 尿液里有泡泡，气味发甜

↳ 可能有糖尿病。

 尿液稀少，身体浮肿

↳ 肾脏不能正常地过滤血液中的代谢废物。

 尿液里有血

↳ 肾脏或尿道出现异常。

 守浩，难道你平时都会看自己尿液的颜色吗？

 我大便后也会看一下……但是，大便难道不是排泄吗？

问得好！

与尿液不同的是，大便是将未消化完的食物残渣排出体外的过程，因此称为排遗。

 我是排泄。

 我是排遗。

你们知道吗？皮肤上也有排泄器官。

什么？这真是难以置信！

 汗腺作为皮肤上的排泄器官，通过汗液排出水和代谢废物。

 就好比尿液从皮肤里出来了吧？好神奇！

 太让人震惊了！居然要从我细嫩的皮肤里排泄出来……

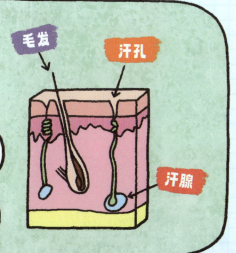

毛发

汗孔

汗腺

 皮肤每天会排出600~700毫升的汗液。

我不流汗！

如果不流汗会怎么样？

 汗液能够调节体温，流汗是为了给皮肤降温。如果不流汗，身体里的热量就无法散发。

好热！

搞蛋鬼们！

啊！又是那个老奶奶。快逃！

我的大脑结构

由眼睛、鼻子和耳朵接受到的刺激会被**传递给大脑**，

再由大脑下达指令，如此身体才可以开始运动。

接下来，我们来学习一下这个过程吧。

学完第8章，身体篇的学习差不多就要结束了。

那么，让我们开启第8章的学习之旅吧！

如果我们有梦想

·大脑与神经系统·

国家青少年运动员选拔赛这天，几人准时抵达约定好的地点。世灿一脸愁容地问："这样做真的可以吗？"

一旁的安妮则十分坚定地说："英雄不是说这是他的梦想吗？我永远支持有梦想的人。"

"现在学校肯定都乱作一团了，龙老师应该又要'喷火'了。谁能想到吴英雄竟然想要放弃国家青少年运动员选拔赛……"世灿还是很担心。

守浩听后，点了点头说："我能理解吴英雄为什么会做出这样的决定。我明白那种为了不辜负别人对自己的期望，而渐渐失去自我的感觉。"

"你怎么比我们还要了解英雄？不过，你是怎么知道这一切都是英雄干的呢？"安妮问道。

守浩耸了耸肩，随后摆出推理的姿势。

证据一：罗第一铲球的情景。思来想去，我还是觉得罗第一并没有踢到英雄的脚踝，但为什么英雄会抓着脚踝倒下呢？

回放！

你刚刚去超市了吗？

嗯……我妈让我来买些东西。

证据二：在公园和罗第一吵架的那天，英雄说他是帮妈妈买东西。但是有哪个妈妈会让自己脚踝受伤的足球运动员儿子出去买东西呢？

因此，那天我把公园附近的超市都找了个遍。当我知道英雄买了什么时，我就确信了自己的想法！

英雄？他买了红色油漆。

守浩将自己推理的过程和盘托出后，挠了挠头说："太简单了，我都不好意思说这是推理了。"

世灿听后，一把抓住守浩的手说："守浩……你……天才……那个天才……"

守浩大惊，心想："身份暴露了？我可不想再听到别人叫我天才少年了。"

"你也喜欢那个天才……侦探柯南吗？我也是！每次他说'凶手就是你！'的时候，你不觉得很刺激吗？"

警报解除，守浩"呼"的一声松了口气。

"朋友们！"不远处，吴英雄正微笑着挥手走来。

朋友们！

　　"你们能陪我去参加比赛真是太好了。一想到要一个人去，我就特别紧张。"

　　安妮走到英雄身边说："你去比赛，我们当然也会去的。"

　　守浩见状急忙走到英雄的另一边，附和道："我很久以前就是你的粉丝了。"

　　"这样做真的可以吗？"

　　世灿摇了摇头，一脸担忧。

　　英雄对世灿眨了眨眼睛，似乎在告诉他不要担心。

　　"我爷爷常说，做事情不要听从脑子，要听从自己的内心。我现在就打算听从内心，做我喜欢做的事。"

听从内心……

……

嗖

那个……英雄，你爷爷的这种说法从科学上讲是错误的。

左边？还是右边？

他会往哪边踢呢？

大脑指挥我们思考、感受、说话等。例如，当你罚点球时，大脑将会决定你射门的方向。

什么？

大脑在我们身体中所占的比重是……

你很快就会习惯的。

我想说的就是……

什么时候结束？这个说不准……

140

守浩一听到英雄说"听从内心"，立刻意识到这种说法的不科学性，于是开始科普……

安妮一看时间不早了，直接拉着英雄和世灿的胳膊说："快走吧，要迟到了。"

守浩见状，只好停下来，跟上他们的脚步。不一会儿，他们就来到了娱乐公司大楼前。

安妮指着大屏幕说："就是这里！"

休息室里已经来了很多人，他们大部分都有父母陪同，有的在练习唱歌，有的在背歌词，有的则在练习跳舞。四人穿过人群，也找了个位置坐下来。

"英雄，你的梦想是当歌手吗？"守浩突然问

"啊——"正在开嗓的英雄点了点头说："我爷爷喜欢听歌谣，所以我从小就很喜欢唱歌。"

世灿环顾着休息室说："哇！竟然有这么多人想当歌手！英雄，比起当国家运动员，你是不是更想当歌手？"

英雄听后，脸色微微一变。

"我从很小的时候就开始踢足球了。除了踢足球以外，我什么都没尝试过。每个人都告诉我，我一定会成为著名的足球运动员。可我只是一个小孩子啊，其实有很多事情我都想去尝试一下。"

守浩点了点头，他十分理解英雄的想法。

"开始了！"

安妮指着休息室一侧的大屏幕喊道。通过大屏幕他们可以看到其他竞选者的表演。

英雄抽到了47号。竞选者中，有的歌唱实力惊人，有的口才很好。随着英雄登场的时间逐渐临近，英雄似乎也越来越紧张了。可能是因为手心出汗，他不停地用手搓着裤子。

　　英雄终于登台了！英雄一进入选秀场，三人就跑到大屏幕前观看，守浩和安妮双手合十虔诚地盯着屏幕。

　　舞台上，英雄正面带微笑做着自我介绍，其中一名评委还和英雄打了招呼，休息室里也出现一阵小小的骚动。过了一会儿，英雄终于开始唱歌了。

　　"咚次咚次咚次咚次，当你开……心时……"

　　英雄开口唱歌的那一瞬间，三人当场僵住了。

　　"是啊，人人都有追求自己梦想的权利，对吧？"

毫无悬念，只是听了一句，就可以预料到英雄会落选。他用幼稚的手段欺骗大家，为了这珍贵的梦想甚至放弃了国家青少年运动员选拔赛……

　　然而，当吴英雄走出比赛现场后，他的脸上却挂着雨后彩虹般绚丽的笑容。

　　几天后，像往常一样，三人坐在足球场看台上观看着足球队训练。

　　"真是太好了，英雄又踢足球了。"

　　就在英雄海选结束的当晚，安妮认真考虑了一下，如果吴英雄放弃足球，选择继续唱歌，自己是否应该退出英雄粉丝俱乐部。

　　"没错，果然英雄还是踢足球的时候看起来最酷。"

　　守浩热情洋溢，他也希望英雄回到足球场上大展身手。

　　世灿惊奇地说："他和罗第一的关系也变好了，现在也互相传球了。"

　　听说，吴英雄回到足球队后，向龙老师和队员们真诚地道了歉。龙老师罚英雄在大家训练完后整理足球场并打扫球员休息室，为期一个月。

"当小学生真是太好了。"

听到守浩的话，世灿不解地朝他望去，说："有时你说话真的很奇怪哦。"

"小心！"

英雄踢出的球朝他们飞来，安妮和世灿迅速地躲到了一边。

"砰！"足球击中守浩额头！

"嘣！"足球又弹了回去！

"守浩，你没事吧？"守浩摔倒后，世灿不停地摇晃着他。守浩看着他们，咯咯地笑了起来，学校上空的蓝天真漂亮。

以你这样的反应能力能进足球队吗？

守浩！守浩！快醒醒！

啊，守浩！

天好蓝啊。

守浩的 备忘录

我们三人都在足球队的纳新考试中落榜了，但也没关系，不知怎么的，我总能隐约感觉到接下来会有更有趣的事情发生。

我在带球测试中扭伤了脚。　安妮最后不小心把球踢远了。　世灿因为违规运球，被取消了考试资格。

英雄和我们成了朋友！

世灿养成了细嚼慢咽的好习惯！

我竟然成了小学生，就像做梦一样！

下达指令的大脑

大脑长这样。

间脑
能够维持人体内环境的平衡，例如调节体温。

大脑
大脑占脑的90%，负责分析、记忆、判断和思考。

小脑
负责维持身体平衡，协调运动。

中脑

脑桥

延髓

脑干
由中脑、脑桥、延髓组成，维持呼吸和心跳等生命体征。

啊！好恐怖啊！

脊髓
脊髓是大脑与身体相联系的通道，脊髓神经会将大脑发出的信号发送到身体各部位。当然，有时脊髓也会在信息到达大脑之前就发出指令。

啊，好暖心！

安妮，多亏有你照顾我！

没时间把信号传给大脑了。快点调动肌肉，伸出手摸摸小怪！

神经系统与神经细胞

 大家还记得吗？在第1章中，我们一起认识了眼睛、鼻子和嘴等感觉器官，并且了解到感觉器官会把收集的信息传递给大脑，大脑进行判断后，就会向运动器官发出指令。

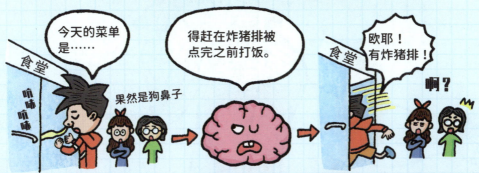

今天的菜单是……

得赶在炸猪排被点完之前打饭。

欧耶！有炸猪排！

啊？

食堂

听咻听咻

果然是狗鼻子

神经系统能够快速处理感觉器官获取的信息。

听懂了，把它拿开！

感觉器官和神经系统是好朋友吗？

神经系统分析完信息后会向运动器官发出相应指令，从而使身体运动。就拿僵尸来举例吧！

是新鲜血液的味道。

神经系统 ▶▶▶▶▶▶▶ 分析中

咬！

啊！

神经系统遍布全身，主要由末梢神经系统和中枢神经系统组成。

神经系统

啊……啊……
纵使我年幼……

中枢神经系统

即大脑和脊髓，负责整合和判断信息。

末梢神经系统

即遍布全身的感觉神经和运动神经。负责将感觉器官获得的信息传递到中枢神经系统，并传递中枢神经系统的指令。

英雄登场了！

树突

接收信号。

神经由无数个叫作神经元的神经细胞组成。

突触

神经元之间通过突触传递信息。

轴突

发出信号。

好像外星生物啊。

肌肉

大脑中有数百亿个神经细胞在交换着信号，速度大约为每秒100米。怎么样，是不是很快？

哈哈！又是第一名！正是因为我的速度快，所以才能让身体在遇到危险时迅速做出反应！

在受到刺激的一瞬间，身体会做出一系列反应。

感觉器官接受刺激。

快躲开！球可能会砸到你们！

神经系统传达刺激信息并做出决定，然后传达指令。

无论是吃饭、走路、学习，还是做其他事情，神经系统都会干预。

做梦的时候也会干预吗？

如此，人的身体就能做运动。

153

是不是以为所有知识都学完了？

哈哈，其实还剩一个部分没有学！

那就是"科学知识进阶"！如果能掌握这些科学知

识，那么无论何时何地，

我们都能向别人介绍清楚有关身体的科学知识。

接下来，就让我们一起走进最后一个故事吧！

就算闭着眼睛，
我也能翻到科学
知识进阶这一页。

我真是太厉害了！

上接第29页

如何看到事物

当我们在照镜子时观察眼睛，是不是只能看到眼白和瞳孔？事实上，眼睛的结构如下所示。

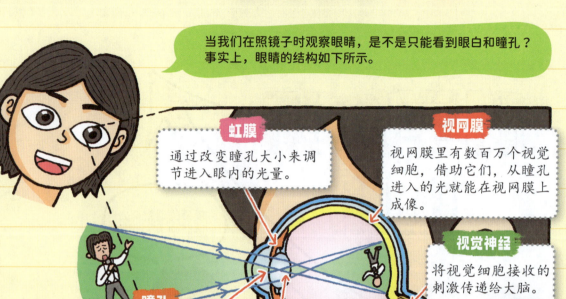

虹膜
通过改变瞳孔大小来调节进入眼内的光量。

视网膜
视网膜里有数百万个视觉细胞，借助它们，从瞳孔进入的光就能在视网膜上成像。

视觉神经
将视觉细胞接收的刺激传递给大脑。

瞳孔
既是虹膜中心的空隙，也是光线进入眼内的通道。

晶状体
通过自我调节来使聚光的焦点落在视网膜上。

要想看到事物，光线必不可少。光线进入眼内，聚焦在视网膜上形成图像，如此我们才能看见事物。

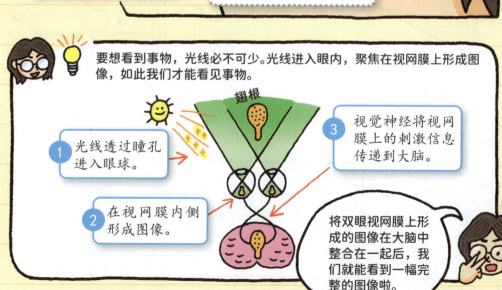

翅根

1 光线透过瞳孔进入眼球。

2 在视网膜内侧形成图像。

3 视觉神经将视网膜上的刺激信息传递到大脑。

将双眼视网膜上形成的图像在大脑中整合在一起后，我们就能看到一幅完整的图像啦。

如何听到声音

声音以空气振动的形式传播。说话时，喉腔中部的声带振动，从而发出声音，这种振动通过空气进入耳朵后，我们就会听到声音。

1 通过振动空气传播声音，然后经过耳孔到达耳膜。

3 耳骨振动。

半规管

4 振动到达耳蜗后，耳蜗里的液体和毛发会晃动，从而刺激听觉神经。

这是什么怪声？

2 耳膜振动。

5 听觉神经向大脑传递声音刺激。

对了！耳朵还负责身体的平衡感。

耳朵里有像水一样的东西在翻滚，感觉很奇怪。

是保持平衡吗？

转圈后，是不是就算停下来也会头晕一阵？这是因为，即使身体停止转动，淋巴液也还会继续转动一段时间。

没错，半规管里含有淋巴液，身体活动时淋巴液也会跟着一起动。通过淋巴液的运动，我们就可以知道身体是在旋转，还是在倾斜。

晕头转向

哦！原来如此！

如何尝到味道

舌头可以感受食物的味道，甜味、咸味、苦味、酸味等。辣不是味道，而是一种疼痛的感觉。

舌头表面长着像米粒一样的东西，它们是舌乳头，里面的味蕾能够感受味道。

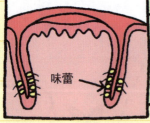

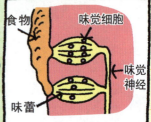

一旦食物接触味蕾，味觉细胞就会受到刺激，然后通过味觉神经将刺激信息传递给大脑。

如何闻到气味

鼻子不仅可以呼吸，还能辨别气味。鼻子里有一个相当大的空间叫作鼻腔，其顶部有嗅觉细胞。

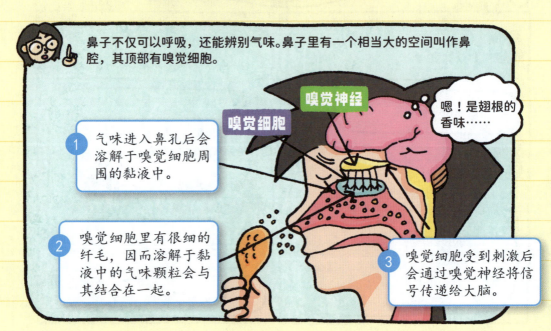

1 气味进入鼻孔后会溶解于嗅觉细胞周围的黏液中。

2 嗅觉细胞里有很细的纤毛，因而溶解于黏液中的气味颗粒会与其结合在一起。

3 嗅觉细胞受到刺激后会通过嗅觉神经将信号传递给大脑。

嗯！是翅根的香味……

上接第77页

运动时，身体中会发生什么

大家还记得吗？身体运动时，需要用到运动器官——骨头和肌肉。但事实上，要想正常运动，离不开全身各个器官的相互配合。

感觉器官

通过看、听、闻等，感受周围的刺激。

运动器官

消耗营养物质和氧气来活动骨头和肌肉。

呼吸器官

加快呼吸，以此吸入更多新鲜氧气。吸入氧气，呼出二氧化碳。

唉！

循环器官

运动会比平时消耗更多的营养物质和氧气，因此心脏会比平时跳得更快。

消化器官

吸收营养物质，产生活动所需的能量。

排泄器官

排出体内的代谢废物。运动时体温会升高，流汗则可以降低体温。

砰

不许在房间里练球！

进阶

咦？他怎么进阶了？

我想起来了，流汗是排泄，大便是排遗！

159

接着第113页

血液由什么组成

血液由血浆和血细胞（红细胞、白细胞、血小板）组成。

血浆

血浆90%的成分是水，其余是溶解在其中的营养物质。血浆负责输送营养物质、细胞产生的代谢废物和二氧化碳，同时还负责将细胞散发的热量传递至全身。

好忙！

血浆运载着血细胞在体内循环流动。

血小板

受伤时，血小板会使伤口处血液凝固结痂，以防细菌感染。

呼

白细胞

吃掉入侵身体的细菌，避免生病。

你这坏家伙！

嗖

红细胞

里面含有红色的血红蛋白，血红蛋白和氧气结合后会将氧气输送至全身。

氧气，抓紧我！

进阶 3

哇！

欧耶，我翻到科学知识进阶啦！

寻找流浪猫三色（全3册）

科学大爆炸

[韩]李邵英　　[韩]徐海敬/著
[韩]李敬锡/绘　　蔡慧前/译

2 动物与微生物篇

四川文艺出版社

图书在版编目（CIP）数据

科学大爆炸 ：全3册/（韩）李邵英，（韩）徐海敬
著；（韩）李敬锡绘；蔡慧前译. -- 成都：四川文艺
出版社，2024.1
ISBN 9787-5411-6832-1

Ⅰ.①科… Ⅱ.①李… ②徐… ③李… ④蔡… Ⅲ.
①科学知识－儿童读物 Ⅳ.①Z228.1

中国国家版本馆CIP数据核字(2023)第233884号

版权登记：图字 21-2023-44 号

과학이 BOOM 1:우리 몸 (Science BOOM! 1:Our body)
Copyright © 2021 Text by 이소영 (Lee soyoung, 李邵英), Illustrated by 이경석 (Lee kyoungseok, 李敬錫)
All rights reserved. Simplified Chinese Copyright © 2024 by Beijing Standway Books Co., Ltd
Simplified Chinese language is arranged with EBS(EDUCATIONAL BROADCASTING SYSTEM)
through Eric Yang Agency and CA-LINK INTERNATIONAL LLC

과학이 BOOM 2: 동물 (Science BOOM! 2: Animals)
Copyright © 2021 Text by 서해경 (Seo Haekyung, 徐海敬),Illustrated by 이경석 (Lee kyoungseok, 李敬錫)
All rights reserved.Simplified Chinese Copyright © 2024 by Beijing Standway Books Co., Ltd
Simplified Chinese language is arranged with EBS(EDUCATIONAL BROADCASTING SYSTEM)
through Eric Yang Agency and CA-LINK INTERNATIONAL LLC

과학이 BOOM 3: 식물 (Science BOOM! 3: Plants)
Copyright © 2022 Text by 이소영 (Lee soyoung, 李邵英), Illustrated by 이경석 (Lee kyoungseok, 李敬錫)
All rights reserved.Simplified Chinese Copyright © 2024 by Beijing Standway Books Co., Ltd
Simplified Chinese language is arranged with EBS(EDUCATIONAL BROADCASTING SYSTEM)
through Eric Yang Agency and CA-LINK INTERNATIONAL LLC

KEXUE DA BAOZHA QUAN 3 CE

科学大爆炸（全3册）

[韩]李邵英 [韩]徐海敬 著
[韩]李敬锡 绘
蔡慧前 译

出 品 人	谭清洁
选题策划	北京斯坦威图书有限责任公司
编辑统筹	李佳铌
责任编辑	谢雨环 范菱薇
封面设计	杜 帅
责任校对	段 敏

出版发行　四川文艺出版社（成都市锦江区三色路238号）
网　　址　www.scwys.com
电　　话　010-82561773（发行部）　028-86361781（编辑部）

印　　刷　天津画中画印刷有限公司
成品尺寸　170mm×240mm　　　　　开　　本　16开
印　　张　30　　　　　　　　　　　字　　数　190千字
版　　次　2024年1月第一版　　　　印　　次　2024年1月第一次印刷
书　　号　ISBN 978-7-5411-6832-1
定　　价　198.00元（全3册）

在幸福的21世纪，人们应该像享受艺术一样享受科学。那么，何为享受科学呢？不是要求我们去掌握世界上所有的科学知识，毕竟科学的发展速度之快，有时连科学家们都无法赶上其脚步。真正意义上的享受科学是指像科学家一样，以创新的思维思考问题，以科学的态度对待世界。

但这样的思维和态度并不是凭空产生的。如今，即便是一些基本的科学常识都会让我们感到陌生，因而亟待一位能够引导我们享受科学的引路人。《科学大爆炸》系列书籍打破了孩子们进入科学世界的壁垒，为孩子们打开科学的大门，让孩子们能够轻松愉悦地学习科学。因此，我建议孩子和家长一起阅读该系列书籍。

李正模（韩国国立果川科学馆馆长）

当孩子们有很多疑问、内心充满好奇的时候，最好的解决办法是什么呢？那就是让他们读一本优质的科学读物。

许多人不喜欢阅读科学类读物，一方面是因为这类书读起来很累、很难，另一方面则是觉得知识性内容读起来很乏味。但有些科学书籍，能够比哔哩哔哩更快、比抖音更有趣地给我们解答科学问题。《科学大爆炸》系列书籍便是其中之一。

跟着一边高喊"我想过平凡的生活"，一边无法隐藏自己科学天才身份，随时随地开启"一起学科学"环节的守浩一起学习，不知不觉间，孩子们不仅为自己心中的疑问找到了答案，还掌握了寻找答案的方法。希望大家能够通过阅读《科学大爆炸》系列书籍，感受到科学的神奇与魅力，尽情享受科学带来的乐趣。

李恩熙（科普工作者）

寻找隐藏在身边的科学

蛤蜊有脚吗？

蜘蛛是昆虫吗？

那些生活在沙漠里的狐狸，为什么它们的耳朵都很大呢？

蘑菇为什么既不是动物，也不是植物呢？

在我们周围的环境中生存着各种各样的生物！你知道吗？生物的外形与特征和很多因素息息相关！自然界的万千生物身上藏着无数惊人的真相，你感到好奇吗？那就赶快来阅读《科学大爆炸》动物与微生物篇，寻找其中的秘密吧！

"找到了！"

《科学大爆炸》系列书籍将科学知识融入亲切有趣的故事之中。每当你在书中揭开一个又一个科学秘密时，骄傲之感油然而生，你会像找到宝藏一样开心。

想必大家在读书时，都会有想更深入了解某个知识的时候吧？《科学大爆炸》系列书籍会在你产生这种想法时，"噔"的一下出现一个告诉你科学知识的环节。其中涵盖了学校教学的内容，并贴心地为小读者解释了每个概念。那些隐藏在各个角落突然登场的人物，他们幽默的话语和丰富的表情也会增加大家学习科学的乐趣。

我认为，找出隐藏在故事中的"科学"，并去为心中的疑问寻找答案的过程一定会非常刺激，而这一过程也会带领我们更加深入地去学习科学知识。读完这本书，相信你一定会对周围的世界更加好奇，也更能感受到科学的有用和有趣。

韩国EBS小学讲师　金文柱

目录

主要人物

守浩

你好！我就是那个在11岁就设计出机器人的科学天才。
但是，没有朋友的生活十分无趣，
所以我现在正努力做好一个平凡的小学生。
嘘！别告诉我的朋友们，这是秘密！

安妮

你好！我非常喜欢猫，为了照顾流浪猫，我成立了秘密小猫俱乐部。
但是，毛团奶奶总是阻止我喂流浪猫。可是，它们也得吃饭啊！

世灿

你好！我喜欢骑自行车和吃美食。
对了！我还非常喜欢利用回收的废品制作东西。
尽管安妮总说我太贪吃，但没办法，吃东西的时候我觉得特别幸福！

次要人物

安妮妈妈

来这里打招呼真让我感到不好意思，哈哈哈。

我喜欢种菜，不对，是热爱种菜！

我的菜园里种着各种作物，比如卷心菜、甘蓝和玉米等。

我十分讨厌鸟的爪子！光秃秃的鸟爪子真是太可怕了！

我一看到鸟的爪子，就会浑身起鸡皮疙瘩，动弹不得！

毛团奶奶

真是搞不明白，为什么总有人喂流浪猫和鸽子？

再这样下去，这些动物会变得越来越依赖人，街道也会因为它们变得越来越脏。

唉，我真的很不喜欢它们。

毛团

汪！汪！汪！汪！汪！汪！汪！汪！汪！汪！汪！

（你好，正如你所见，我是一只小狗。他们总说我这一身帅气的毛看起来像一个毛团，所以他们都叫我"毛团"。但说实话，我一点也不喜欢这个名字！）

你好！我叫守浩！

我非常喜欢科学。

想和我一起了解动物吗？

在第1章中，我们将一起了解各种动物的一生，尤其是

昆虫！

那么，接下来就让我们一起开启有关动物的学习之旅吧！

三色，不可以

昆虫的特征与一生

请勿投喂
鸽子！

只有自力更生，才能
堂堂正正地成为生态
系统的一员。

这天，三人像往常一样，正打算穿过湖水公园回家。

安妮突然停下自行车，抱怨道：“啊，为什么？”

守浩和世灿见安妮双手叉腰，怒视着公园墙上的横
幅，便走过去一探究竟。

守浩将横幅上的标语大声地读了出来：“请勿投喂
鸽子！只有自力更生，才能堂堂正正地成为生态系统的
一员。”

为什么要这样？鸽子做错什么事了？

鸽子难道不能随便吃点东西吗？

你是因为讨厌吃玉米面包，才给鸽子吃的吧？

玉米面包

什么？

你不吃面包边，还不吃四季豆、鲲鱼头、黄瓜和胡萝卜。

你是在监视我吗？我妈妈也不喜欢吃胡萝卜！

我可没有监视你，只是每次和你吃饭时，都会看到你把这些东西挑出来。

四季豆，不要。

哈哈。

安妮，其实我喜欢吃面包，尤其是那个微微烤焦的面包边，真的很好吃。

哼

你就给我吧。

面包边

咕咕咕

那是给我的吗？

你会给我的，对吧？

13

　　"别喂鸽子！"守浩阻止了安妮的投喂行为，说："你不能因为自己不喜欢吃这些食物就将它们喂给鸽子。正是因为人们总是喂鸽子，城市都快成为它们的栖息地了。"

　　"谁说我不喜欢吃了，这可是我妈妈亲手用玉米做的面包！"接着，安妮又噘着嘴说，"再说，我们小区成为鸽子栖息地有什么不好！"

　　"嘿，你们快看那只鸽子。它怎么和其他的鸽子不一

样？简直就是一只大胖鸽。"世灿惊讶不已，连声招呼自己的伙伴们。

世灿看到的是一只领头鸽，它有着宽大的胸脯，身形比其他鸽子要大两倍。

这时，守浩补充道："小区里的鸽子太多了，给人们的日常生活带来了很多不便。"

"没错，鸽子的粪便将这条路变得斑斑点点，我都担心会弄脏疾风3号！玉米面包就别给它们吃了。"

世灿神情忧伤，仿佛在说："把玉米面包给我吧。"

安妮固执地摇了摇头，这鸽子她是喂定了！世灿见状立即皱紧眉头，捏住鼻子说：“你的自行车有鸽子粪便的味道，闻起来好臭。”

安妮瞪了世灿一眼，然后将剩余的面包都撕成小块，撒在了地上。

“多吃点，可爱的鸽子们。”

此时，在公园的草地上、长椅周围和垃圾桶旁寻找食物的鸽子都纷纷朝面包块聚过来。

守浩看着那群鸽子，抵了抵眼镜说：“2009年韩国将鸽子认定为有害动物，并明令禁止人们投喂它们。”

“哔哔！”公园管理所所长一边吹着口哨，一边朝他们这边跑来。刹那间，所有鸽子都扑棱着翅膀飞了起来。

“啊，快跑，快跑！”

　　安妮一边喊着，一边匆忙骑上自行车，疾驰而去。

　　"安妮，你这无情的家伙！我在你眼里竟然还不如鸽子！"

　　世灿一边骑着疾风3号追赶安妮，一边发着牢骚。

　　守浩看着头顶上飞过的鸽群，喃喃自语道："糟了，我有一种不好的预感。"

此时，安妮家的菜园内……

"太热了！"

采完玉米后，安妮妈妈摘下草帽，摇了摇头，让风吹进头发里，可是密密麻麻的长发早已被汗水浸湿。

她一边用草帽扇着风，一边自嘲道："哈哈，我好像一头在怒吼的大象。"

　　安妮妈妈从围裙口袋里掏出一条粉红色的手帕，轻轻擦着额头上的汗水，说道："不过，这像火一样炙热的阳光可以让我的宝贝们茁壮成长！我还得感谢夏天带来了充足的阳光。"

　　原来，安妮妈妈在自家后院开垦了一个菜园，这是一个无农药的有机菜园，别说农药，就连半粒化肥都没撒过。安妮妈妈会在不同的季节里种不同的作物，比如草莓、黄瓜、大白菜、红薯、西红柿、苏子叶、生菜、辣椒、甘蓝、萝卜、大葱等。菜园的四周还种着玉米，它们整齐地排列在菜园边缘的土地上，就像是特意建造的一个玉米篱笆。

安妮妈妈顶着烈日掰玉米，累得满头大汗，她放下装满玉米的箩筐，半蹲下身子，正打算坐到折叠椅上休息一会儿时，又随手掀起一片黄瓜叶："唉，蚜虫太多了，已经严重影响到黄瓜的生长了，我该不该喷点儿微生物发酵液呢？"

随后，安妮妈妈又顺手摘下一根黄瓜，大口吃了起来。虽然黄瓜的品相一般，但吃起来却香甜多汁。

突然，她皱紧眉头，挥舞着草帽，生气地说道："怎么连蚊子也……"

赶走蚊子后，她的脸上重新露出了微笑。多么闲适的田园生活呀！

唉！是白粉蝶！你们是来产卵的吗？

把卵产在菜叶上，从卵中孵化出来的幼虫就可以直接吃到白菜和甘蓝了，并且幼虫的颜色和白菜叶的颜色很相似，所以不会轻易被天敌发现……原来天下所有的父母都是一心为孩子着想啊。

已经有幼虫孵化出来了？

安妮，住手！

"扑棱，扑棱。咕咕咕咕，咕咕咕咕。"

天空中好像飞来了一些鸟，是什么鸟呢？

"扑棱，咕咕……"

安妮妈妈下意识地合十双手，歪着头紧闭双眼，紧张得眉毛也跟着抽搐了几下。过了一会儿，她悄悄地睁开了眼睛。

"天哪！"

安妮妈妈双手托着脸颊，高声尖叫了起来。

"是鸽子！那瘦削的骨头，锋利的脚趾，它们的爪子太可怕了！"

数十只鸽子扑棱着翅膀，叫嚣着飞进了安妮家的菜园，啄食起了菜叶上的白粉蝶幼虫、螳螂和蚯蚓。可是，鸽群中那只胸脯宽大的领头鸽却不觅食，它环顾四周后，前后摇晃着脖子朝安妮妈妈走去。

　　但此时，安妮妈妈的眼中只有这些可怕的爪子。她害怕得浑身起鸡皮疙瘩，身体也动弹不得。领头鸽瞥了她一眼，留下一坨粪便后，便若无其事地蹦跶到她脚旁的箩筐上，啄食起了玉米。

　　其他鸽子看到后，纷纷跑着跳着向领头鸽奔去。

一转眼的工夫，鸽子们已经把安妮家的菜园当成了免费的美食店，都在专心地享用着美食，殊不知危险已经悄悄来临。某处，几个小家伙正虎视眈眈地盯着这群鸽子，那就是三色和它的两个女儿。

　　有一只贪吃的小鸽子离群了，它专心地啄食着地上的食物，丝毫没有意识到自己已经大难临头。

　　三色瞅准了时机，蹑手蹑脚地从玉米丛中走了出来。它紧盯着这只小鸽子，搓了搓"手"，伴随着一声吼叫，"喵！"三色腾空而起，一举拿下了这只鸽子。两只小猫紧随其后，纷纷跳进了鸽群之中。

“三色，不可以！”

安妮抱起三色，希望它能松口。三色紧紧地咬着小鸽子，眼神坚毅，不肯松口。

鸽子们四处逃窜，场面一度混乱。三色瞅准时机从安妮手中挣脱出来，纵身一跃便逃到了玉米丛中。两只幼崽见状，也一同蹿进了玉米丛中，一家三口顷刻间就消失得无影无踪。

守浩看着乱七八糟的菜园，喃喃自语道：“这下可麻烦了！”

一起学科学

动物与微生物篇也有"一起学科学"环节。

哎？你怎么戴上帽子了？

啊啊！

你确定要在这种情况下，开始这个环节吗？！

先来认识一下昆虫吧！

在距今4亿～距今3.5亿年前，地球上就已经有昆虫了，并且地球上昆虫的数量占据了动物总数的四分之三。

啊啊啊

昆虫的身体分为头部、胸部和腹部，此外昆虫还有三对足。不符合这些条件的就不是昆虫。

头部

胸部 腹部 足

据说，早期的昆虫体型都很大，但之后它们为了生存，主动适应各种环境，就变得越来越小了。

啊啊啊

有四对足的蜘蛛和有很多腿的蜈蚣不是昆虫吗？

没错！蜘蛛和蜈蚣都不是昆虫。

他好聪明！

妈！

· 昆虫的外形 ·

我说过昆虫的身体分为头部、胸部和腹部，大家还记得吗？头部有嘴、触角和眼睛；胸部有翅膀和腿。

眼睛

昆虫的眼睛是由许多单眼组成的复眼，像蜂窝一样，因此昆虫眼中看到的事物会重叠在一起。

触角

触角作为感觉器官，可以帮助昆虫找食物、听声音、闻气味和尝味道，并且触角的形状会随工作内容的不同而变化。

嘴

和触角一样，昆虫的嘴也有多种形状，有吮吸式、刺吸式等。

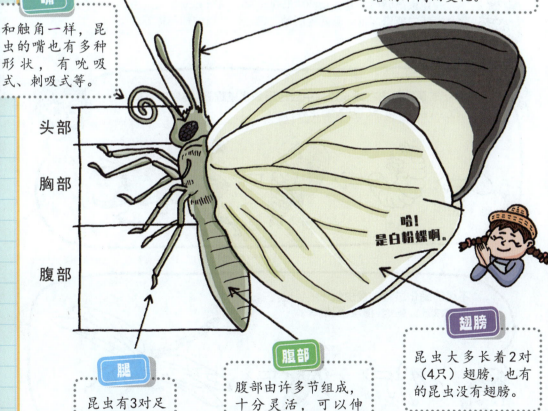

头部

胸部

腹部

哈！是白粉蝶啊。

翅膀

昆虫大多长着2对（4只）翅膀，也有的昆虫没有翅膀。

腿

昆虫有3对足（6条腿）。

腹部

腹部由许多节组成，十分灵活，可以伸展，也可以弯曲。

· 昆虫的一生 ·

所有动物都要经历出生、成长和死亡，这便是它们的"一生"。

这孩子我真是越看越喜欢！

这么简单的事情为什么要说得那么复杂？

昆虫产卵后，幼虫从卵中孵化出来，然后逐渐长为成虫。有的昆虫在成为成虫之前，需要经历蛹化的过程，有的却不需要。

青年时期的守浩

完全变态是指昆虫在成长过程中会经历蛹化过程。这类昆虫有蝴蝶、蚊子、苍蝇、锹甲、甲虫、瓢虫等。

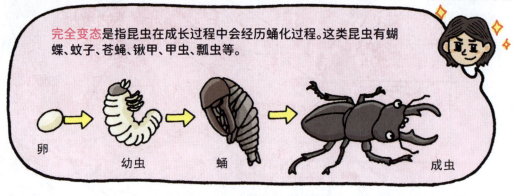

卵　　　　　幼虫　　　　　蛹　　　　　成虫

不经历蛹化过程的昆虫属于**不完全变态**，如蝉、螳螂、蚂蚱、椿象、蜻蜓等。

卵　　　　　若虫　　　　　成虫

中年时期的守浩

30

· 白粉蝶的一生 ·

雌性白粉蝶和雄性白粉蝶完成交配后，雌性白粉蝶会在白菜、卷心菜、甘蓝和萝卜等蔬菜的叶子背面产卵。

> 把卵产在叶子背面，这样其他昆虫和鸟类应该就找不着了吧？

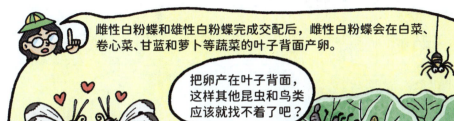

将卵产在菜叶上，这样幼虫从卵中孵化出来后，就可以直接吃食物了。

> 随着身体变大，我就会蜕皮，长出更大的身体。我一共要经历4次蜕皮。

白粉蝶幼虫从嘴里吐出丝，将身体固定在菜叶上，然后慢慢变成蛹。

> 因为我的蛹和周围的颜色很像，所以不容易被天敌发现。我正在蛹里进行惊人的蜕变。

随着变态完成，蛹不断裂开，长着翅膀的白粉蝶也就诞生了，这就是所谓的"羽化"。

> 终于变成蝴蝶啦！

知识进阶 除了昆虫，还有很多其他种类的动物，想知道如何对动物进行分类吗？那就请翻到第156页，开启科学知识进阶之路吧！

世界上有各种各样的动物，比如狗、猫、鸽子等。

除此之外，还有各种各样的植物，如蒲公英、松树、木槿花等。

我们把动物和植物统称为生物。

不过，有一种生物，它既不是动物也不是植物。

它可以住在我们脸上、手机上以及牙齿上！

你想知道这是什么生物吗？

那就和我一起开启第2章的学习之旅吧！

第 2 章

破碎的酱缸

多种多样的生物：真菌与细菌

鸽子们和三色一家都离开了菜园，只留下了乱糟糟的残局，安妮一行三人主动揽下了收拾菜园的任务。

　　"阿姨，这里交给我们，您先回去吧。"

　　"你们来做？好吧，真是谢谢你们了。"

　　安妮妈妈走进屋后，世灿蹲在地上快速地捡着玉米，把玉米装进箩筐后，又用力地吹掉玉米上的灰尘。

　　一旁的守浩眉头紧蹙，手摸着下巴，抬头望着天空，好似在思考着什么。

刚才看到鸽子飞走，我就有一种不好的预感。难道真的存在第六感吗？不！我是科学家。让我从科学的角度来推理一下，首先，鸽子喜欢玉米，并且方向感很强，可以去很远的地方找到自己想要的食物。刚刚安妮喂了它们玉米面包，而面包里的玉米则是从安妮家的菜园里摘的，所以最终鸽子找到了这里。没错，就是这样，用科学将这件事解释清楚，完全行得通！

找到了！

经过缜密的推理，守浩科学地解答出安妮妈妈的菜园里为何会出现这群鸽子，他高兴地握紧拳头，大声喊道："果然，科学就是真理！"

没错，就是这样！

"欧耶，我终于把玉米上的灰尘都吹干净了！"

世灿举起双臂欢呼了一声，随后又开始一层一层地剥起了玉米皮。

"世灿，现在是关心玉米的时候吗？小鸽子都被抓走了。"安妮不满地说道。

"我觉得玉米更重要……"世灿怯懦地开口。

"和我一起去救鸽子，我给你10个玉米！"

"成交！"世灿猛的一下站了起来，朝安妮竖起大拇指，然后笑眯眯地朝三色逃跑的方向追去。

"你不去吗？"安妮催促着守浩。

"我不喜欢吃玉米。"守浩并不认为他们能追上三色一家，毕竟猫跑得比人快。

　　"守浩！"

　　"行，我去还不行吗？"

　　无奈之下，守浩也跟着他们踏上了寻找三色的旅途。幸运的是，没过多久，他们就发现三色一家溜进了毛团奶奶的院子里。

在原先10个玉米的基础上，我给你再加5个！

即使你给我和世灿100个玉米，我们也抓不到三色。我们跑得比猫慢是一个客观的事实。

成交！

拉钩！

咕咕　咕咕

啊！

咕咕咕咕

在那边！

毛团奶奶家？

没错！那些鸽子正望着毛团奶奶家的院子哭呢！三色一家一定就在那里！

干什么呢？快跟上啊！

毛团奶奶很可怕的。

虽然三人都很害怕毛团奶奶，但一想到小鸽子可能危在旦夕，他们就顾不上心中的恐惧。

安妮将奖励提到了15个玉米，世灿闻言以迅雷不及掩耳之势拐过街角，跑在后的安妮感叹道："玉米的力量真是太强大了。"

守浩耸了耸肩说："也可能是因为世灿真的喜欢猫吧。"

两人相视一笑，便继续朝世灿跑去。

　　毛团奶奶家的院子里，此刻还十分温馨。

　　毛团奶奶一边打开酱缸台上的缸盖子，一边对毛团说：

"难得太阳这么好，可得把我的酱好好晒一晒。"

　　拴在门口台阶下的毛团正沐浴着阳光，打着盹儿。它缓

缓摇了摇尾巴，像是在回应着毛团奶奶的话。

　　"现在，人们都是去超市买现成的大酱、辣椒酱和酱油

吃，估计都没有多少人会用霉菌做酱了。"

毛团奶奶把酱缸盖子并排放在酱缸台的栏杆上，随后便用干净的抹布擦拭起了酱缸，嘴里还不停念叨着："很是怀念过去的时光。"

"这酱应该有30年了吧！以前大家总是舍不得吃，我小时候只有逢年过节才能吃到妈妈精心制作的大酱。那时，父亲负责种豆子，母亲负责煮豆子，又利用霉菌让煮熟的豆子发酵，再通过很长一段时间的晾晒才能得到酱。"

毛团奶奶精心地抚摸着每一个酱缸，突然她看着墙边喊道："唉！天气又闷又热，一连下了两天雨，墙边都长出霉菌和蘑菇了。"

看来只要环境温暖潮湿，这些霉菌和蘑菇在哪里都能安家！

此时，在柿子树的后面，三色一家警惕地缩在墙角，聚精会神地盯着小院。毛团奶奶走进屋后，三色一家立即跳进了院子里。

　　毛团抽动着鼻子闻了闻，缓缓睁开了眼睛，叼着鸽子的三色和幼崽们正顺着酱缸台的台阶往上爬。

　　"汪！"毛团朝三色一家扑了过去，铁链却猛地将它拉住，它呜咽着向前伸，想要抓住三色一家，可是，脖颈处的铁链绷得更紧了。

汪 汪 汪

汪 汪 汪

汪 汪 汪

这声音是我家宝贝在叫？难道那些流浪猫又溜进院子了？

竟敢来我院子里捣乱！

砰！

喵？

让你们尝尝被扫把打的滋味！

还不快出去！

啪 啪

唰 唰

当毛团奶奶朝小猫们扑过去时，三色心里一惊，叼着鸽子朝孩子们奋力追去。

三色跑得越急，毛团叫得就越大声。毛团铆足了劲向前一跃，"咔嚓"，铁链应声而断。毛团往后一缩，后腿蓄力向前一蹬，像子弹一样飞了出去！它跃上台阶，拼命地追赶着三色。

毛团奶奶恼怒不已，全力追打小猫；三色护子心切，紧随其后；毛团怒火攻心，奋力追赶三色。

小猫们慌不择路，它们跳上栏杆，毛团奶奶心里一惊，她看着栏杆上面摆着的酱缸盖子喊道："别去那里！"

　　毛团奶奶的提醒并没有起作用，只见一只小猫从栏杆上一跃而下，跳到了院子里；另一只小猫跳上酱缸盖子，后腿一蹬，跟着跳了过去。

　　"啪！"后一只小猫落地的瞬间，酱缸盖子从栏杆上掉下来砸向了酱缸。

　　轰隆一声响，酱缸被砸碎了，酱不断地从栏杆缝里流出来。

　　毛团奶奶悲伤地尖叫道："天哪！"

　　三色紧跟着它的幼崽跳到院子里，随后快速穿过院子，爬上柿子树，从围墙翻了出去。小猫们学着三色的样子，起跳、爬树，跟着翻了出去。

　　"汪汪汪！"毛团看着翻墙逃走的三色一家，不甘心地用前爪刨着墙，不停吠叫着。

　　"我这珍贵的酱啊！"

毛团奶奶绝望地蹲在碎了一地的酱缸旁，满地的酱散发出刺鼻的气味。她试图用手把酱捧起来，可它们又从指缝中流走，根本捧不起来。

你没事吧？

没问题！

呲溜

这鲤鱼打挺的技术我打100分！

发生什么了？毛团奶奶看上去好像很生气。

酱缸碎了。

安妮，我第一次遇见你时也是这样，那天追赶流浪猫的毛团不是也撞到你了吗？

我们遇见的那天，毛团好像也是要抓三色一家。

果然和当时的情境很像。

快走吧！我们得先找到三色。

　　转眼间，他们来到一家文具店前，世灿瞅见门口的冰箱，就立即瘫坐在门槛上，埋怨道："好饿啊，也许还没等救到鸽子，我就已经饿扁了。但要是有巧克力冰激凌吃的话，我就会浑身充满力量。"

　　"我想喝原味酸奶……"守浩也坐了下来，两人都朝安妮望去。

　　安妮见状，不情愿地点了点头说："知道了。"

　　两人听后，迅速起身走进文具店，挑选了自己想要的东西，随后便心满意足地坐在门槛上，各自品尝起了巧克力冰激凌和原味酸奶。安妮也坐在一旁嚼起了零食。

原味酸奶吃起来是什么感觉？

健康的味道！酸奶是牛奶经过乳酸菌发酵制成的。

吧唧吧唧

健康 健康

居然是用细菌做的。既然是乳酸"菌"，那你现在岂不是正在吃细菌？

哎！

我记得乳酸菌不是有益细菌吗？芝士和泡菜里也有乳酸菌。

我觉得这些细菌还挺好的。

因为你经常吃这些食物，所以你的牙齿上才会有很多细菌。你有蛀牙吧？

啦

如果不能正确刷牙，牙齿上就会滋生黄色的牙菌斑。这是一种细菌的聚集体，据说牙菌斑里面含有200种以上的细菌。这些细菌遇到附着在牙齿上的食物残渣后，会产生使牙齿腐烂的物质，导致蛀牙出现。

唉！

三人从酸奶中的乳酸菌讨论到口腔中的细菌，聊得热火朝天。

世灿捂着嘴，皱着眉头说："啊，真恶心。细菌竟然住在我的牙齿上。"

安妮认可地点了点头说："细菌真恶心！"

世灿舔了舔沾在牙上的巧克力冰激凌，生怕残留在牙齿上的冰激凌残渣被口腔中的细菌吃了之后，嘴里的龋齿会更多。

"细菌是动物还是植物呢？"世灿在求知欲的驱使下开口提问。

"细菌是一种生物。"守浩回答说，听到世灿的提问，他很高兴。

"接下来你可别讲科学故事，我不听！"安妮捂住耳朵说，"吃完了吧？我们快去找三色吧。"

听到安妮的话，守浩一脸不情愿地站了起来。

"我们先去学校看看？三色偶尔会出现在学校，刚才毛团奶奶和毛团也往学校的方向跑去了。"世灿一边说，一边站起来掸了掸裤子上的灰尘。"为了15个玉米……不对，为了拯救鸽子，出发！"

此时，一旁的守浩也模仿着世灿的动作喊道："出发！"

除了猫和狗，我们周围还生活着各种其他生物。

山上有花栗鼠、乌鸦、老鹰、獐子和野猪。

没错，我家的菜园里不仅有辣椒和玉米，还有白粉蝶和蚂蚁。

刚刚你们所说的那些不是动物就是植物。

生物不就只分为动物和植物吗？

有的生物既不是动物也不是植物，例如真菌、细菌和原生生物等。

我知道！你说的是制作酱的霉菌和让我牙齿腐烂的细菌吧？

没错，霉菌属于真菌，龋齿菌属于细菌。

既然你们这么好奇，那我就先介绍一下真菌和细菌吧。

不过，我们为什么要这样走路呢？

如果既不是动物也不是植物，那它们是什么呢？

为了看清周围的环境，这样才能不错过三色！

·微小的生物——真菌·

在温暖潮湿的环境中，霉菌和蘑菇等真菌会茁壮成长，所以在夏天的雨后，我们经常能在野外看到它们。虽然真菌看起来就像一株小小的植物，但它并不是植物。植物在地下扎根成长，利用阳光给自己制造养分，但真菌并不如此。

长在枯木上的蘑菇

长在面包上的霉菌

菌丝

菌丝

真菌没有茎和叶，而是由像蜘蛛网一样细长的菌丝组成。

孢子

真菌通过孢子繁殖。孢子又小又轻，肉眼无法看见。它们飘浮在空气中，可以到达很远的地方。

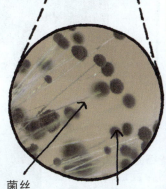

菌丝

孢子

真菌以腐生、寄生、共生的方式，从其他生物中获取养分。

·微小的生物——细菌·

细菌生活在我们身体内以及周围的任何地方，例如手掌、口腔、作业本、电脑、汽车、水中等。它们十分微小，需要用显微镜才能观察到。

你看见细菌了吗？

细菌的种类繁多，形态也多种多样。

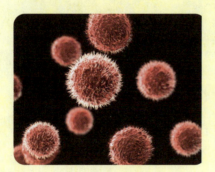

球形细菌

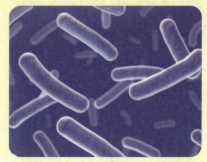

杆形细菌

有些细菌单独活动，有些则相互连接。但只要环境适宜，它们的数量就会倍增。

螺旋形细菌

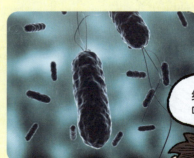

有尾细菌

54

这些生物的存在对我们生活既有正面影响，也有负面影响。

好的影响	坏的影响
利用真菌、有益细菌等制作各种各样的食物。	它们会使食物和物品腐烂，并且还会通过空气、水、食物、物品等途径快速传播，从而引发疾病，例如急性肠炎等。

真菌和细菌还能分解生物的尸体，帮助维持地球环境。如果没有它们，地球将会被动植物的残骸覆盖。

想了解原生生物吗？那就请翻到第157页，开启科学知识进阶之路吧！

55

我家的"生态系统"金字塔

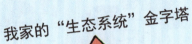

被发现了！

我喜欢的食物有面包、比萨和炒年糕，但我最喜欢的食物还是白米饭。

你们知道吗？大米其实是水稻的果实。

在自然界中，蝗虫吃稻谷（我也吃），麻雀吃蝗虫，蛇吃麻雀，鹰吃蛇。

你们是不是觉得太残忍了？

不过，生态系统里的生物之间就是吃与被吃的关系。

我们人类也是生态系统里的一员。

第 3 章

三色真厉害

生物因素的分类
与食物链、食物网

"快看那边！是奶奶和毛团。"

顺着世灿指的方向看过去，只见毛团奶奶和毛团正站在校门口。

打碎了我宝贵酱缸的野猫可以进去，我家温顺的宝贝竟然不可以进去？

让我进去吧！

骨碌碌

您躺在地上打滚也是没用的。我没有看到有猫进入学校，所以您不能进去。

学校

这招没有效果，看来这人很不好对付。

汪汪

算了！真小气，我不进去了！

　　毛团奶奶一起身，就看见站在马路旁的安妮一行人，立即跑过斑马线，上前问他们。

　　"你们怎么在这儿，不是早就放学了吗？难道是来找三色吗？"

　　安妮摇着头说："不是这样的。"

　　"是吗？话说回来，就是因为有像你们这样喂流浪猫的人，我们小区里那些讨人厌的野猫才一直赖着不走。你们知道这些家伙今天闯了多大祸吗？"毛团奶奶气愤不已。

安妮再次摇了摇头，回答道："不知道。"

"三色和它的小崽子们把我的……"

还没等毛团奶奶说完，世灿就主动接话道："它们打碎了您的酱缸？"

"是啊！你怎么知道的？"毛团奶奶边说边走到世灿面前，一把抓住了他的肩膀，一旁的毛团则在不停地吠叫。

"那是因为我们闻到了您身上的酱味！"安妮连忙解释，然后一把抓住愣在一旁的二人，"奶奶，再见！"

守浩和世灿一边被安妮拉向校门，一边和毛团奶奶说再见。

"叔叔，您好。我把课本落在……"

安妮胡诌了一个借口，征得保安大叔的同意后就进入了校园。世灿和守浩向门卫大叔打完招呼后，也跟着进了学校。毛团依旧在他们身后叫个不停。

安妮又犯难了，鼓起嘴巴看着二人，问道："我们怎样才能找到三色呢？"

守浩环顾着四周，说："也许那只被三色抓住的鸽子会有羽毛掉下来，我们可以顺着羽毛找。"

"我早就预料到了，所以我提前准备了这个。噔噔！"

只见世灿从口袋里掏出了一个放大镜，随后便仔细地观察起了学校大楼前的花坛。花坛里长满了青翠的小草，还种植了玫瑰、木槿花、玉兰、红豆杉和桧树等观赏性植物。

看到了！看到了！

看到什么了？

哦！

找到鸽子羽毛了？还是三色的毛？

都不是，是蚂蚁和西瓜虫。

啪

你是在耍我吗？

为什么生气？我明明发现了正搬运着蝴蝶尸体的蚂蚁，还有轻轻一碰就把身体卷成球的西瓜虫啊。

真是重大发现啊！你怎么不说木槿花上有蜜蜂在采蜜，旁边的玉兰树上有麻雀呢？天上还有飞来飞去的蜻蜓呢！

你为什么打他啊？他又惹你不高兴了？

为了拯救鸽子，我连数学补习班都没去上。

哼！

不谈这个了，我们还是去找三色吧。

是吗？

♪

守浩回头看向世灿，小声安慰道："你没事吧？她太控制不住自己的脾气了。"

　　世灿一边擦着眼泪，一边耸了耸肩，附和道："虽然她很善良，但这一次我真的很伤心。"

　　"不过，三色很出名吗？怎么连毛团奶奶也知道它的名字？"守浩偷偷瞥了安妮一眼，小声地问着世灿。

　　世灿则神秘地贴在守浩耳边，轻声说道："当然！我们湖水小区的人几乎都认识三色。三色它……"

那家伙……

那家伙？

世灿告诉守浩，没人知道三色是何时来我们小区的，但它每年都会生下两到三只幼崽，并且全都活了下来。就这样，三色带领着幼崽们一点一点地占领了小区各处。

　　渐渐地，小区里以前住着的猫，全都不见了。曾经独占湖水公园的大虎，住在阳光幼儿园院子里的阳光，住在湖水1号楼游乐场的青花，每天在学校前面的小吃店里吃着米肠、猪肝和猪心，被养得胖乎乎的小胖，以及见人就四脚朝天露出肚子、十分喜欢撒娇的奶酪……它们都一个接一个地消失了。

有传闻说，每只猫消失的前一天晚上，都能听到愤怒的嘶吼声和凄厉的惨叫声。不知不觉间，小区里其他猫的领地都被三色和它的幼崽们一个个占领了。

哇！真是一只了不起的猫。不过，三色没有丈夫吗？

三色的丈夫？我没有见过，而且我觉得动物的性别很难区分。

并不是所有动物的性别都很难区分。

你好帅气！

嘿嘿，我的羽毛的确比较华丽。

鸳鸯的性别就很好区分。雌性很朴素，雄性很华丽。

你真美丽！

我是男的……

当然，也有像鹅一样雌性和雄性长得都差不多的动物，光看外表很难分辨出它们的性别。

我的鬃毛看上去很帅气吧？

你不去捕猎，在这里耍什么酷！

相反，狮群里只有雄狮的头上才有浓密的鬃毛，所以狮子的性别很好区分。

虽然猫和狮子一样，都属于猫科动物，但雌猫和雄猫却长得差不多。

67

"没人知道三色的丈夫在何处，它都是独自抚养幼崽，"安妮说，"猫群中都是雌猫负责照顾幼崽。"

世灿听后，皱着眉头咂舌道："那雄猫就不照顾幼崽了吗？唉，真是没有责任心。"

"三色真是一只了不起的猫妈妈。不过，我还是无法相信，它居然会去抓可爱的鸽子。"安妮哭丧着脸，"虽然大家都说三色脾气很暴躁，但每当我喂它的时候，它不知道有多乖呢……"

　　"这不怪三色。想想你家的菜园，白菜上的虫子会吃白菜吧？麻雀会捕捉白菜上的虫子，蛇会去吃麻雀，鹰又会吃蛇。三色也是一样的，也会捕食老鼠、鸽子等，生态系统中的生物之间就是吃与被吃的关系。"守浩安慰道。

"啊！这就是我讨厌科学的原因。为什么相互之间吃与被吃的关系是理所当然的？我们应该互相帮助才对啊。"安妮固执地摇了摇头。

世灿无奈地笑了笑，随后便又趴在花坛上寻找起了三色的踪迹。

"我去那边找找看。"守浩边说边往自来水池边走去。

"伙伴们，快来看看这个！"守浩大声呼唤着他们，水池这边果然有线索。

二人听到后，连忙跑了过去："找到三色了？"

这……这是？

原来守浩在通向池塘的石板路上，发现了一根鸽子羽毛。

　　世灿拿着放大镜仔细地观察了一会儿，说道："这羽毛不仅小而且还被折弯了，表面湿漉漉的，想必是沾上了三色的口水。这一定是那只小鸽子的羽毛。"

　　守浩咽了口唾沫，附和道："我也是这么想的。"

　　这时，安妮好像想到了什么，突然沿着石板路向池塘跑去，嘴里还说着："我知道三色去哪儿了，跟我来！"

　　"等等我们！"世灿和守浩紧随其后。

森林里有泥土、空气、水等，也有各种各样的生物，它们互相影响。如此，在某个地方相互影响的生物因素和非生物因素在一起就构成了生态系统。

生态系统 —— **生物因素** 即我们周围生活着的生物。

非生物因素 即类似于温度、阳光和水这样的生存必需条件。

温度高低对生物有很大影响。例如，天气变冷时，枫叶会变红，树叶会凋落；候鸟为了觅食会迁徙；狗和猫会换毛。

阳光是植物制造养分必需的因素，并且动物想要看清周围事物也离不开光。此外，动物繁殖和植物开花时间的早晚也和阳光是否充足有关。

水是生物维持生命的重要物质，没有水，生物就无法生存。水的重要性无法用言语表达。

·生物因素的分类·

生物因素的分类？听起来好难啊！

应该是划分生物因素的意思吧？但是，该怎么划分呢？

可以根据获取养分的方式来进行分类。

生物的生存需要消耗养分。能利用水、阳光和空气自己制造养分的生物叫作生产者，例如白菜和生菜之类的植物。

无法自己制造养分，以其他生物为食的生物叫作消费者，如白粉蝶幼虫、麻雀等。

通过分解其他生物的尸体或粪便来获得养分的生物叫作分解者，如霉菌、细菌等。

·吃与被吃的关系——食物链·

大家还记得我说过，以其他生物为食的生物是消费者吗？蝗虫吃稻谷，青蛙吃蝗虫，"稻谷→蝗虫→青蛙"这种吃与被吃的关系就像链条一样把这三种生物连接在一起，就形成了所谓的食物链。

·生态金字塔·

如果把生产者放在最下面，按照捕食顺序依次将初级消费者、二级消费者往上排列，我们就会发现一个有趣的现象：越往上，生物数量越少。这就是所谓的生态金字塔。

哦？长得和金字塔一模一样呢。

如果越往上生物数量越多，那靠上层的动物们就没有足够的食物了吧？

最高级消费者

二级消费者

初级消费者

生产者

·食物网·

生物间相互捕食的关系交织在一起形成了一张"网"。这就是所谓的食物网。

啊！我的头好疼，光是看着就觉得好复杂！

真的好像一张网。

大家还记得我们在第1章里了解过昆虫的一生吗？
在动物中，有的动物出生时是一只幼崽，有的动物出生
时则是一枚卵。
　　在第4章中，让我们一起来了解一下出生时是幼崽的
动物和出生时是卵的动物分别有哪些，以及它们又
是如何成长的吧！

学校里住着青蛙

胎生动物与卵生动物

世灿指着池塘四周的岩石喊道："快看，那边有团青蛙卵。"

"在哪里？让我看看。"

守浩好奇地趴在世灿旁边，伸手将眼前的蒲草推到一边，只见那岩石下面有许多被卵胶膜包裹着的青蛙卵。

"应该是那只青蛙产的卵。"世灿说。

"哇！我们学校里竟然有这么复杂的池塘生态系统。"

守浩一边感叹着，一边环顾池塘四周。这片池塘里生长着黑藻、睡莲、蒲草和荷花，青蛙、鲫鱼和龙虱在水里游着泳，水黾正摆动长腿在水面上滑行。

"虽然肉眼看不见，但水里肯定还生活着其他生物，比如草履虫和水绵。"守浩高兴极了，多么棒的生态系统啊！

世灿并没有把守浩的话放在心上，而是在环顾四周后，找来了一个水瓶，问道："我们要不要带走一些青蛙卵？"

这时，守浩突然喊道："提问！青蛙是先长前腿，还是先长后腿？"

趁着世灿思考问题的空隙，守浩接过他手中的水瓶并迅速地将水瓶扔到一边的垃圾桶里。

世灿一边手舞足蹈地表演着《小蝌蚪变青蛙》，一边回答道："'一条后腿，嗖，一条前腿，嗖，蹦蹦跳跳，变成青蛙了。'答案是先有后腿。"

守浩听后，猛地举起一条胳膊高呼道："回答正确！"

世灿青蛙变身！

青蛙饿的时候会怎么叫？

呱，呱呱！

听起来十分凄凉，呱！

真让人感到头疼。

不能指望他们帮忙了。

那不是流浪猫小怪最喜欢的零食吗？

现在找三色要紧。

喵——喵，快来吃吧！这个很好吃的。

我还是头一回见安妮这么认真地做一件事。

我好像也是第一次见她这个样子。

喵——

"喵——喵。"前面草丛里突然传来几声猫叫。

"呀！这不是三色的一只幼崽嘛！"安妮高兴地举起双臂高呼着。

小猫被吓得蜷缩在原地，瞪大眼睛，十分惊恐。

"对不起。"安妮边说边缓缓放下手臂，伸出零食说："怎么就你一个？"

"三色和另一个小家伙好像躲起来了。"世灿和守浩轻手轻脚地来到安妮身后坐下，观察着小猫周围的草丛，但就是不见其他两只猫的身影。

小猫好似在确认周围的环境是否安全一般，它警惕地看了一会儿，才"喵"地叫了一声，然后缓缓地朝安妮走去。

　　安妮一边用大拇指挤着猫条喂它，一边说："它长得真像三色。"

虽然毛色不太一样，
但长相却十分相似。

　　小猫上下扭动着身体，用小舌头认真地舔着猫条，样子十分可爱。

　　"你也要像你妈妈一样，努力生存下去哦。"安妮刚想伸手抚摸小猫，只见它迅速后退了一步，随后便撒腿跑了。

"不要吃小鸽子！听见了吗？"安妮喊道，可小猫早已钻进草丛消失不见了。

真的吗？三色真的可以迷惑人吗？

你不是很聪明吗？这种事你也信？世上哪有九条尾巴的猫啊？

什么？

这……

呼

你是开玩笑的呀，我还以为你说的是真的呢……

嘿嘿，被骗到了吧？

哎哟，这两个家伙。

的确，三色不可能已经几十岁了。猫的平均寿命大概是15年，而流浪猫的平均寿命大约只有3到4年。

真的吗？可是小怪已经2岁了，难道小怪也要……

什么

你们不找三色了吗？你们难道不关心小鸽子的安危吗？

85

"虽然很残酷，但那只小鸽子应该早就被吃掉了。"

守浩掸了掸衣服上的杂草和泥土，继续说："在生态系统中，生物之间互相捕食是一件稀松平常的事情。如果一个生物因为可怜其他动物而不去捕食，那么这个生物就会被饿死。如果三色一家饿死了，谁来负责呢？"

安妮听后，涨红着脸喊道："所以我才会喂它们啊！"

"刚才你不是也看到小猫吃猫条了吗？如果它们真的已经把鸽子吃了的话，应该就不会想吃猫条了吧。"安妮显然并不想放弃。

这时，守浩补充道："即使它们今天没有吃下这只小鸽子，但狩猎是猫的本能，所以……"

"没错，我们有时也会和小怪玩狩猎游戏。"

相较于安妮的想法，世灿则非常赞同守浩的看法。

"你们没有资格成为秘密小猫俱乐部的一员！"安妮朝着二人喊道，"没有你们，我一个人也能找到三色。"说完，安妮便沿着石板路向学校大楼跑去。

"别生气了！喂，安妮！等等我们，一起去吧！"

世灿边跑边冲着安妮喊。当他们到达水池边时，安妮已经跑出了校门。

守浩不禁感叹道："安妮不愧是我们班百米赛跑的种子选手啊！"

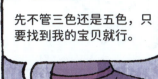
先不管三色还是五色，只要找到我的宝贝就行。

拜托了

我的宝贝独自在后山该有多害怕啊。

但是，我现在得先找三色……
噗

拜托了
您别担心了。奶奶家的狗……很白，应该很容易被发现。

我们会帮您找的！
我们一定能帮奶奶找回小狗！

出发去找毛团！

安妮，你刚才跑得真快啊。
如果你去参加跑步比赛，一定能拿第一！

89

一起学科学

刚刚我听奶奶说，毛团是她一手养大的。

那对奶奶来说毛团应该胜似家人了吧。

小狗刚出生时，眼睛闭着，耳朵也听不见。

你好，我的宝贝。

耳朵也听不见？真的吗？

得过一段时间才能听见。

在出生时是幼崽的动物叫作胎生动物。狗狗就是胎生动物。

6～8周

长出牙齿，可以咀嚼食物。

7～10个月

小狗刚出生时，眼睛闭着，耳朵也听不见，更不会走路，还没有牙齿，得靠吃妈妈的乳汁长大。

雌狗和雄狗长得差不多，它们交配后，雌狗会产下小狗。

可是，鸡不是直接生下小鸡，而是下蛋后再孵化出小鸡！

嗯！这种动物叫作卵生动物。

我还养过小鸡呢！

你难道不是养来吃的吗？

卵生动物不同于胎生动物，蛋生下来以后，它们还需要经历在蛋中孵化的过程。

蛋的外面是一层坚硬的外壳。

约21天

母鸡孵蛋约21天后，小鸡就会破壳而出。

1天

约30天

刚破壳的小鸡浑身长满了绒毛。

青蛙、昆虫、乌龟、鲫鱼等，它们也通过产卵来繁殖后代。

约5个月

随着小鸡不断长大，绒毛逐渐变成羽毛。

公鸡

母鸡

当公鸡和母鸡长大并完成交配后，母鸡就会产下受精的蛋。

接下来，我们再一起来看看青蛙的一生吧。有些动物在生长过程中会完全改变外观，青蛙便是这类动物的典型。

2周左右

蝌蚪从卵中孵化出来，它们用尾巴游泳，用鳃呼吸。

15天后

卵在水中被透明的卵胶膜包裹着。

青蛙既能在水中生活，又能在陆地生活，它们用黏糊糊的长舌头捕食昆虫。

长出后腿。

10天后

尾巴消失，变成青蛙。等到了繁殖期，青蛙就会交配、产卵。

30天后

长出前腿，尾巴变短。

对了！池塘里呱呱叫的是公青蛙，因为只有公青蛙才有能发出声音的声囊。

叫！

这我倒是第一次听说，怪不得世灿一直都这么吵。

呱！呱！呱！

卵生动物在适合繁殖的季节，会一次性产下很多卵吧？

没错，青蛙产的卵不就特别多吗？

其实也并非都是如此，这得看动物照顾幼崽的方式。

照顾幼崽的方式？

一般来说，不照顾幼崽的动物会比照顾幼崽的动物一次产下更多幼崽。

产卵后，有些动物不会照顾幼崽，比如海龟。在这种情况下，它们则会产下数十到数百枚卵以提高幼崽的存活概率。

产了这么多卵，应该能活下来不少吧？

有些动物由雌性照顾幼崽，比如熊。它们一般只会产下两只幼崽。

小心别掉下来！

有些动物雄性和雌性会一起照顾幼崽，比如说燕子。它们也不会产下很多卵。

亲爱的，我来负责放哨！

地上、地下、水中……到处都有动物生活。

有许多人认为，炎热的沙漠只有一片黄沙，严寒的北极只有一片冰海，其实不然，沙漠和极地也生活着许多动物。

为了适应生存环境，动物们会演变出符合环境特点的外形和特征。

在第5章中，我们就来了解一下那些适应环境的高手吧！

毛团

去哪了

飞行动物、
陆地动物、
沙漠动物

三人朝着后山进发，可安妮却一句话也不说。

　　守浩看了安妮一眼，轻声向世灿问道："我们不找三色了吗？"

　　世灿也偷偷瞥了安妮一眼，小声地回答守浩的问题："毛团是追着三色才来到后山的，所以我们找到毛团就能找到三色和鸽子。"

　　"你还在生我们的气吗？"守浩试探性地问安妮，但好在安妮并没有表现出很生气的样子。

突然，有只乌鸦"哑"地叫了一声。

"吓我一跳！"世灿惊得一哆嗦，扔下了手里的羽毛，观察起了四周。三人抬头一看，发现松树后面的柞木上站着一只乌鸦。

只见那只乌鸦正歪着脑袋观察着他们。

突然，又有几只鸟飞到了栗树枝上，守浩看到后说："这里有很多鸟。刚刚一进后山，我就看到了麻雀和山斑鸠，这里还有乌鸦……快看，那里还有长尾山雀和杂色山雀。"

"嗷呜，嗷呜。"

山上不断传来狗的哀嚎声。

"这声音怎么一直没停？"安妮越听越心慌，抬起脚就朝山上跑去。

"等一下！也许会有危险。山上可能有蛇！"世灿和守浩在后面朝安妮大喊。

"指示牌上明明写着只有88米，怎么这么远啊！"守浩的体力明显跟不上了。

守浩用袖子擦了擦额头上的汗水。虽然山并不高，但爬起来却十分费劲。可是他们不能停下，因为安妮此时已经爬到山的另一边了。

守浩擦了擦汗，指着安妮喊道："安妮在那儿！"

此时的安妮在后山的小溪边徘徊着。溪边长满了马鞭草、一年蓬、马兜铃、戟叶蓼等植物，它们长得非常茂密、高大，足足有他们腰那么高。

那里有吗？

找到毛团了吗？

这些草太碍事了。

你确定毛团来这里了？它来这儿做什么呢？

嗯？

唔！

或许……

会不会是为了抓鱼？小溪里有白鲦、青鳉和鲫鱼，那边还有野鸭和斑嘴鸭……哇！还有苍鹭和白鹭家族呢！

"我之前去爷爷家时，还在河边的一块岩石下面发现蜗螺了呢，水里还有尖头鲹在游泳。听说那里以前还能看到水獭。"

听了世灿的话，守浩点了点头："水獭是濒危的野生动物，如今在野外也很难见到。"

"你们怎么又开始谈论小溪里的动物了？我们的当务之急是找到毛团。"安妮语气十分坚定，随后便朝草丛深处走去。

守浩看着茂密的草丛，犹豫了一下："这些草把前面的路都挡住了，地上也湿漉漉的。"

"不管怎样，我们也不能让她一个人去啊。"说完，世灿一步步朝草丛深处走去。

　　突然，草丛中传来了阵阵哀嚎声。

　　"在那边！"安妮边说边朝着声音传来的方向跑去。

　　守浩则在后面喊道："等等！那不是毛团的声音！"

　　茂密的杂草挡住了他们前行的道路，走起来很是困难。但安妮却正以惊人的速度在草丛中奔跑着。

"你们看！那边好像又有什么东西在动，会是毛团吗？"世灿指了指前面说道。

只见前面10米左右有道身影正飞快地移动着。

"毛团！"安妮把双手合拢做成喇叭状围在嘴边，不断呼喊着毛团。一瞬间，草丛没了动静。没过多久，又有什么东西快速窜动了起来。

"毛团，别跑！我们是来带你回家的！"安妮和世灿同时跑了过去。

过了一会儿，安妮和世灿都停了下来，站在草丛中观察着周围。

守浩问道："你们怎么不跑了？"

世灿大声喊了几声"毛团"，都没有回应，他喃喃自语道："不对，也许毛团并不知道自己叫毛团。"

"我的宝贝，你在哪里？我的宝贝！"

就在世灿唱着《我的宝贝》时，有个东西轻轻碰了一下他的手背，感觉湿漉漉的。

"啊！"毛团听到世灿的呼唤，来到他的身边并用鼻子碰了碰他，却把世灿吓了一跳。

"你先在这儿待一会儿吧。"

安妮把毛团放在一块平整的石头上，便在一旁打开了包，毛团扑哧扑哧地抖了抖身体。

"我早就料到会发生这种事，所以把急救箱带了过来。"

安妮边说边从包里拿出急救箱，只见里面装有红色消毒棉、动物医院开的创伤药膏、白棉、大大小小的创可贴、绷带、镊子、剪刀等。

109

守浩把脸贴近安妮，问道："你真能预知未来吗？这根本不科学。"

"你竟然信了？说真的，我带着急救箱是为了医治流浪猫。"安妮熟练地用镊子取出消毒棉。

"按住它。"安妮见毛团在挣扎，便示意世灿过来帮忙。世灿瞥了眼守浩，往后退了一步。

"毛团已经打过狂犬病疫苗了，是吧，毛团？"安妮说道。

安妮轻轻抚摸着毛团，见世灿依旧犹豫不决，便又补充道："我看见了，阿嚏！有一次，我去爱心动物医院时，亲眼看见医生在给毛团接种狂犬病疫苗。"

世灿听后，这才赶紧跑来按住毛团。

"那真是太好了，我还担心它万一得上狂犬病……"

一旁的守浩见状也走过来说："原来如此！我是怕你们会被传染上狂犬病，所以才感到害怕的。"

"再按不住毛团就没法儿上药了！"安妮有些着急了。

听到安妮的话，世灿和守浩都认真了起来。

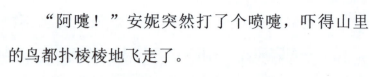

扑棱棱

"阿嚏！"安妮突然打了个喷嚏，吓得山里的鸟都扑棱棱地飞走了。

"我对这小家伙的毛过敏！它的毛让我不停地打喷嚏，鼻涕都流出来了。"

世灿听后，从口袋里掏出些纸巾递给安妮。尽管安妮有些嫌弃这皱巴巴的纸巾，可她别无选择，勉为其难地接了过来，擤了一下鼻涕。

扑棱棱 扑棱棱

"大功告成！"安妮很快就完成了伤口处理工作，她熟练地将缠在毛团腿上的绷带剪断。

"哇！安妮，你就像一名专业的兽医！"世灿竖起大拇指，不停夸赞着安妮。

阿阿阿阿嚏！

"好了，别夸了。"安妮被夸得有些不好意思了。

"这是哪儿？我们该怎么回去？"守浩环顾四周，向他们问道。

世灿理所当然地回答道："这里？这里是后山啊。"

"所以后山是在哪里？"守浩一脸茫然。

"这个……安妮，你知道这是哪里吗？"世灿转头向安妮求救。

"我也不知道。"安妮和世灿眨着眼睛，茫然地看着对方。

沿着这条路应该能走回去吧？

从天上往下看，就可以看到回家的路了……真羡慕鸟儿有一双翅膀。

除了鸟以外，昆虫也有翅膀。

·飞行动物·

飞行动物的最大特征就是长有翅膀。虽然翅膀的形状各不相同，但它们都可以用于飞翔。也正因如此，飞行动物都不会很重。

蝴蝶

蝉

对比来看，它们翅膀的形状和外观果然各不相同呢。

棕耳鹎

蜻蜓

·陆地动物·

大多数生活在陆地上的动物都长有腿，只有小部分动物没有。此外，有的动物生活在地下，有的动物则不断往返于地上和地下。

在地上生活的动物

花栗鼠　　貉子　　野猪

往返于地上和地下生活的动物

蚂蚁　　蛇

在地下生活的动物

蚯蚓　　田鼠　　蝼蛄

知识进阶

想知道没有腿的蛇是如何移动的吗？那就请翻到第160页，开启科学知识进阶之路吧！

· 沙漠动物 ·

陆地中也存在一些动物难以生存的地方，比如沙漠。但如果你仔细观察就会发现，其实沙漠中也生活着一些动物。

骆驼

骆驼将脂肪储存在驼峰中，就算长时间不进食也可以存活。宽大的脚掌可以防止它们陷入沙子之中，长长的眉毛能有效抵御风沙。

沙漠狐狸

大大的耳朵既可以散发身体热量，调节体温，还能敏锐地收听到昆虫和小动物的脚步声，有助于捕猎。

蜥蜴

蜥蜴皮肤上的鳞片既可以防止体内的水分流失，还可以防止沙漠的热气进入身体。蜥蜴在站立或移动时会交替着抬起两只脚，以此来降温。

沙漠里好像连水都没有吧？竟然还生活着这么多动物……

据说沙漠里风沙呼啸，白天很热，晚上很冷。

动物们的适应能力很强大吧？

蝎子

厚厚的外骨骼可以防止体内水分流失。蝎子就算只喝水也能存活1年，它正是凭借这个本领才能在食物匮乏的沙漠里生存。

沙漠甲虫

其外壳上密密麻麻的突起可以让空气中的水蒸气凝结在上面，最终这些凝结的水珠会顺着背流进嘴里。

蛇

蛇全身的鳞片可以防止体内水分流失。同时，为了减少身体与炎热沙漠的接触面积，它会抬起身体的一部分，迅速向一边爬去。

沙漠龟

其膀胱里储存着占自身体重40%左右的水，因此，它即使长时间不喝水也能在沙漠中存活很久。此外，它的前爪很发达，当沙漠酷热难忍时，它就会在沙子里挖洞用来避暑。

我不仅跑步慢，游泳也很慢，在水里游一小会儿就感到

喘不过气来。

如果我在水里也能呼吸该有多好啊！

就像鱼儿，它不仅可以在水里呼吸，而且游得也很快。

不过，那是因为它们有适应水中生活的特性。

在第6章中，我们就一起来了解它们吧！

鱼和毛团，谁更快

鱼的特征与
水生动物

三人虽然成功找到了毛团，却在森林里迷了路，可是，世灿不仅没有感到害怕，反而还高兴地跳了起来，欢呼道："太棒了！这和《荒野求生》里的情景一模一样！好开心啊！"

"这是我最想尝试的一件事。难道今天就要实现了吗？"世灿张开鼻孔，两眼放光，望着朋友们说道。

安妮则是不停地嘟囔着："你很开心吗？我们不仅没救到鸽子，还迷了路……"

一旁的守浩也两眼放光地说："我也很想尝试一下荒野求生。"

"你怎么也跟着瞎起哄？现在是胡闹的时候吗？"安妮言语间带着怒意。

　　没有大人的陪伴，在这四周都被花草树木和小溪围绕的地方生存，着实令人不寒而栗。

　　"像这样自由自在地在山里游荡的机会多难得啊！相信我，会很有趣的！"世灿高兴地搓了搓手。

　　"没错，我可知道很多科学知识。实话告诉你们吧，其实我是……科学……天才。"守浩犹豫了一下，最终还是吞吞吐吐地说出了自己的秘密。吐露心声后，他心里舒畅了许多。

世灿看着守浩，点了点头说："从你制作出自动喂食机开始，我就怀疑了，毕竟很少有小学生能像我一样懂机器。"

"你……早就知道了？怎么会？"守浩吓了一跳。他觉得自己明明隐藏得很好，怎么轻易就被世灿发现了？

此时，安妮交叉着手臂，噘着嘴说："希望你们不要表现得太差。"

虽然嘴上表达出不信任，但当安妮看到他们信心满满的样子后，内心也渐渐地接受了现实，三人开始准备野外求生需要的东西。

木柴燃烧后会变成木炭，急救箱里有棉花，这里有很多细沙和碎石……就只差一个塑料瓶了。

这个可以吗？

啊，这个刚刚好！

先把塑料瓶里的水倒掉……

你在干什么？

啪！

直接喝里面的水不就行了，做简易净水器需要把干净的水都倒了吗？

啊……

一滴也不剩了！

那个……是因为制作简易净水器需要的是空塑料瓶……

怎么了？

哼！

你们两个在这里生存吧！我要回家了。

嗖

真的要走吗？

虽然我很想尝试野外生存，但……

嗖！

世灿和守浩的一系列求生行为，都透露着他们非常不适合在野外生存，安妮决定不跟着他们冒险。

安妮一把抓住毛团脖子上剩下的半截狗链，气愤地想要带着毛团离开。

"阿阿阿阿阿嚏！"安妮一靠近毛团，就会不停地打喷嚏，鼻涕眼泪一大把。擤完鼻涕后，安妮便又若无其事地催促毛团说："毛团，我们回家。"

毛团看了眼世灿和守浩，随后便跟安妮走了。

这时，世灿喊道："喂，一个人走很危险的！"

安妮头也不回地说："和你们待在一起更危险！"

你们两个在野外生存吧！

"毛团肯定知道回家的路，是吧，毛团？你快用鼻子闻一闻。"

毛团把鼻子贴在地上，边走边仔细地嗅着气味。

"我们要不也走吧？如果没有毛团，山上的夜晚好像有点恐怖，你觉得呢？"看着安妮和毛团逐渐消失在树丛中，守浩动摇了。

阿嚏！

"哎，她真是没有冒险精神。"世灿一边嘟囔着，一边加快脚步追赶安妮。

　　就在这时，刚刚还在吭哧吭哧嗅着空气的毛团突然加速跑了起来。

　　"毛团好像找到自己留下的气味了！"毛团拽着安妮不停向前跑。

过了一会儿，三人停了下来。

"不是说找到回家的路了吗？"守浩和世灿瞪大眼睛，质问着安妮。

"毛团，你是想抓鱼吗？你腿受伤了，不能去抓鱼！"安妮不明白毛团究竟要做什么。

"唉，阿阿阿阿阿嚏！"安妮叹气的同时又打了个喷嚏。

毛团盯着水里看了一会儿后，"扑通"，猛地向前一扑，将前爪伸进水里，蹦蹦跳跳地追赶着鱼。

"速度这么慢是抓不到鱼的。"世灿和守浩坐在小溪边的岩石上看着毛团说道。

"毛团加油，阿嚏！再快点儿，用上追猫时那猎豹般的速度。"

安妮突然觉得腿疼，便在守浩和世灿旁边坐了下来。

这时，守浩说："在地面和水里行走是不一样的，在水里行走会很累。"

听了守浩的话，世灿附和道："没错，游泳太累了，比起在地面上行走，游泳要慢得多。"

　　守浩用手指在空中比画了一个图形，前面是曲线，越往后越尖，然后向安妮和世灿解释为什么鱼在水里游得很快。

　　"大概一周前，我在电视上看到许多人在河里挖贝壳，贝壳大概这么大。"世灿边说边伸出手掌比画着大小。

　　守浩点了点头说："我也看到了，你说的是河蚌吧？那些河蚌长得可大了。"

"你真是太聪明了。"世灿呆呆地看着守浩。

　　这时，安妮向守浩问道："你不是说你是科学天才吗，有能找到家的科学吗？"

　　"当然有！那就是卫星导航系统，也就是所谓的GPS。通过接收至少4颗卫星发射的电波后，就可以计算我们所在的位置和与目的地的距离了。"守浩高兴地说。

　　"汽车导航之所以能够找出去某地最佳路线，也是因为有GPS，手机导航也是如此。"守浩继续补充道。

"我们没有可以导航的设备，除了选择再相信一次毛团，我们别无他法。"

安妮一边说一边回头朝毛团望去。只见它正抬起一只前爪盯着水里，随后便"扑通"一声朝选好的地方跳去，顿时水花四溅。

守浩看着安妮说："我还是信不过它，如果是鸽子的话，倒是可以考虑一下。"

安妮鼓着两颊好似在思考着什么，随后便翻起了包。

　　此时，一旁的世灿朝毛团喊道："别再抓鱼了，我的宝贝。快过来，该回家了。"

　　毛团听后，回头看了眼世灿，随后转头又捉起了鱼。

　　"听话！我们是为了找你才来这里的！"说完，世灿踩着小溪里的石头朝毛团走去。

"宝贝，我们去找奶奶吧。"任凭世灿怎么哄，毛团依旧抬着一只前爪盯着水里。

　　这时，安妮突然喊道："零食！"随后便从包里拿出鸡胸肉干，摇了摇说："本来是给小猫吃的，现在还是给你吃吧。"

　　毛团一见到零食，就像风一般地跑了过来，非常乖巧地坐在地上，见安妮迟迟不喂自己，便歪着头趴下了。

　　"找回家的路！宝贝，走吧！"话音刚落，安妮就把零食扔进了草丛。毛团看到后，猛地站了起来，朝零食方向跑去。

　　"这就对了！我们回家吧！"安妮一边扔着零食，一边紧跟着毛团。

一起学科学

我的衣服都被毛团弄湿了。

它刚刚抓鱼的时候沾了一身水！

毛团在水里的行进速度是比不过鱼的……鱼的外形非常适合在水中生活。

太棒了，找到路了！

汪汪!

鱼的特征

鱼除了身体是流线型外，还有着鳍和鳃等许多适合在水中生活的身体结构。

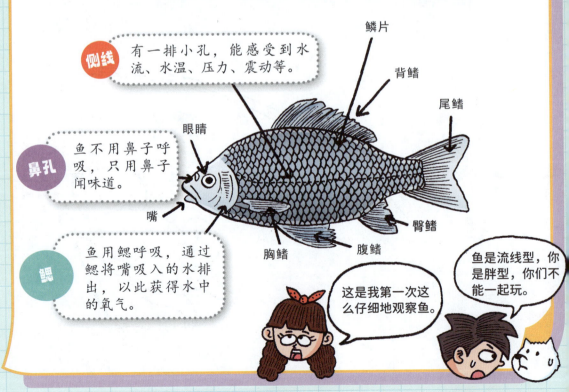

侧线 有一排小孔，能感受到水流、水温、压力、震动等。

鳞片

背鳍

尾鳍

眼睛

鼻孔 鱼不用鼻子呼吸，只用鼻子闻味道。

嘴

鱼鳃 鱼用鳃呼吸，通过鳃将嘴吸入的水排出，以此获得水中的氧气。

胸鳍

腹鳍

臀鳍

这是我第一次这么仔细地观察鱼。

鱼是流线型，你是胖型，你们不能一起玩。

134

·生活在江河、溪流和湖泊里的动物·

江河、溪流和湖泊都是没有咸味的淡水，里面生活着龙虱、小龙虾、水黾、鲫鱼和鲶鱼等多种动物。

龙虱

田鳖

日本红娘华

水黾

小龙虾

原来水里生活着这么多动物啊。

看起来好好吃！

鲶鱼

鲫鱼

水獭

小鱼

·生活在沙滩和海洋里的动物·

与生活在淡水中的动物相比，生活在沙滩和海洋里的动物体型更大，种类更多。

螃蟹

蛤蜊

鲍鱼

鳐鱼

提问！除了外形，螃蟹、蛤蜊和青花鱼还有什么区别？

哦？我正想说外形呢……

除了外形，还有……大小？

答案是移动的方式不同。

螃蟹走来走去。　　蛤蜊爬来爬去。

青花鱼游来游去。

鱿鱼

青花鱼

鲨鱼

鲸鱼

章鱼

蝙蝠　　　　蝙蝠快递机器人

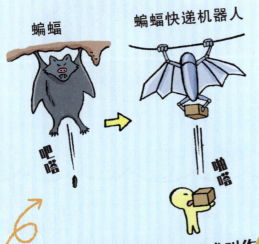

吧嗒

啪嗒

利用生物特征制造东西的技术叫作仿生技术。

光听这个名字是不是很难理解？

其实仿生技术就在我们身边，日常使用的东西中有

许多都是利用仿生技术发明的，比如游泳时穿的脚

蹼等。

你也想学习更多有关动物的知识，然后制造出一个

新的仿生机器人吧？那么，就让我们一起进入第7

章，学习相关知识吧！

走吧，回家

利用动物的特点
发明的工具

毛团兴高采烈地在前面跑着，三人马不停蹄地跟着它，安妮有些怀疑："宝贝，你是在找回家的路吗？我看你只是在找零食吧！"

看着正在追赶毛团的安妮和世灿，守浩在心中暗自叹气。他意识到以一名平凡的小学生身份来生活，远比想象中的要困难许多。生活中总会发生许多意料之外的事情，总要把精力耗费在一些无关紧要的事情中……其中最让守浩感到无能为力的莫过于体力太差。想成为足球运动员的时候如此，到处寻找鸽子、三色和毛团的时候也是如此。

突然，刚刚还在暗自发着牢骚的守浩扑哧一笑，喊道："但是……我有朋友了！"

安妮和世灿跟着毛团左右乱跑，此时的毛团好像对找零食没那么关心，它的尾巴像螺旋桨一样旋转着，好似在说："快来抓我吧。"

突然，毛团"嗷"的一声向后一跳，摇晃着头并用前爪挠了挠鼻子，随后便转头朝守浩跑去，不一会儿的工夫就跑出去很远。安妮和世灿瞬间僵住了，站在原地一动不动。

"怎么了？发生什么事情了？"守浩问道。

世灿颤抖着喊道："啊啊……差点被蜇！"

"快看看衣服和包里有没有钻进马蜂。"守浩朝他们喊去。世灿看了看安妮，犹豫不决。

安妮见状立即闭上眼睛，转身喊道："我不看，我不看。"

"马蜂一般会蜇膝盖以下的部位，快看看裤子里有没有。"

世灿脱掉短袖后，见安妮直接躲在了岩石后面，便听从守浩的建议，把裤子也脱下来仔细检查了一番。

衣服都穿好了吗?

马蜂会钻进衣服里蜇人……

我没有被蜇到。你呢?

我也没有。

安妮,你也检查一下……

唔

好像只有毛团被蜇了。

对了!差点忘了毛团!

啊!

不管它了,不讲义气的家伙。为了活命自己先逃走了。

我觉得我们应该感谢毛团才对。

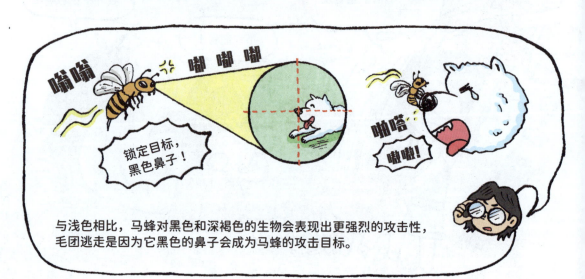

嗡嗡

嘟嘟嘟

锁定目标,黑色鼻子!

啪嗒

嗷嗷!

与浅色相比,马蜂对黑色和深褐色的生物会表现出更强烈的攻击性,毛团逃走是因为它黑色的鼻子会成为马蜂的攻击目标。

"哦，等一下……"守浩推了推眼镜。他突然想到一个主意，"可不可以利用马蜂只会攻击特定颜色的特点制造一个马蜂机器人呢？"

"嗯……应该比苍蝇机器人还要大吧？成群结队的马蜂一起发动攻击，想想都觉得害怕，而且还有尾刺作为强大的武器……"

守浩不停地嘟囔着，一旁的世灿见状也掺和进来说："苍蝇机器人真的不怎么样，机器人就应该酷一点，像马蜂机器人一样。"

安妮对男孩们正在讨论的话题不感兴趣，摸了摸她的蓝色T恤说："从今往后，我只穿颜色亮丽的衣服。"

　　"难道毛团是为了帮我们引开马蜂才逃走的吗？"守浩疑惑地说。

　　"快看！我们的银色战犬回来了。"世灿边说边示意安妮往后看。

　　安妮回头一看，只见毛团旋转着尾巴跑过来，像身后挂了个螺旋桨一样。安妮一张开双臂，毛团就立即跑过来舔了舔她的脸，似乎很高兴能再次见到他们。

　　三人仔细一看，只见毛团的鼻子上有个被马蜂蜇的小包。它好像很难受，不停地用前爪挠着鼻子。

　　世灿悄悄地坐在一旁，然后往毛团的鼻子上抹了些口水。

　　安妮看见后，生气地喊道："你在干什么？应该抹大酱！"

　　一旁的守浩摇了摇头说："口水和大酱都不行，得赶快去宠物医院让医生瞧瞧。"

　　毛团哆哆嗦嗦地站起来后，便朝山下跑去，每走一段路就会回头看看他们。看到安妮快要赶上时，它就会加速朝山下跑去。

世灿拍了拍守浩的肩膀说："我们也快跟上吧。"

过了一会儿，走在前面的毛团突然朝着某处"汪汪"叫了几声。

他们乘着公交车平安地来到了家附近。

就在他们朝毛团奶奶家走去时，安妮皱着眉头说："不过话说回来，三色在哪里呢？它回家了吗？"

话音刚落，毛团就飞快地向家跑去，对着院子里的柿子树狂吠。

    "哦？看那里！"守浩指着柿子树喊道。只见三色和两只幼崽从树叶间探出了脑袋。

    "原来你们也都平安无事啊！"安妮向三色一家挥了挥手，三色慵懒地打了个哈欠，随后幼崽们又把脑袋缩了回去。一旁的毛团好像生气了，扑哧扑哧地喷着响鼻。

    "你们都是一个小区的朋友，以后别再打架了！"安妮不忘叮嘱一声。

“汪汪！”听了安妮的话，毛团对她叫了起来。

“怎么了，一到家就不听我们的话了？哼！我就知道会这样。”世灿失望地摇了摇头。

“是我的宝贝回来了吗？”奶奶听到毛团的叫声后，便呼唤着它。毛团汪地叫了一声，然后迅速地跑进了家。

“我的宝贝！哎呀，你的鼻子怎么肿得这么厉害？”

“奶奶！您快带它去宠物医院吧！它被马蜂蜇了！”安妮把头伸进大门向奶奶解释，随后又回头看了看世灿和守浩，笑着说，“但不管怎么说，它今天玩得可开心了。再说了，我们不是帮您把宝贝带回来了吗！”

听了安妮的话，世灿和守浩也都开心地笑着点了点头。

秘密小猫基地群聊	秘密小猫基地群聊

 守浩，你真的要制造马蜂机器人吗？你会制造机器人吗？

 小学生怎么能做出那种东西？那种机器人只有在遥远的未来才能被制造出来。

 哼！

 不，已经有模仿生物制造出来的机器人了。

 真的吗？

 都有哪些？我很好奇！

你会告诉我的，对吧？

仿生机器人

蛇形机器人

蛇没有四肢，身体又细又长，而且爬得很平稳。

科学家们根据蛇移动的特征制造出了蛇形机器人。它可以进入人类难以进入的狭窄空间，能够在灾害现场寻找幸存者。

苍蝇机器人

苍蝇不仅体型小，而且逃跑速度很快。当你想要抓它时，它就会用高超的飞行技术瞬间逃跑。

科学家们通过模仿苍蝇的外形和小小的身躯制造出了苍蝇机器人，并在上面安装了摄像头和窃听设备，可用于军事领域。

 除了苍蝇机器人，还有蚊子机器人吗？

 我们一看到蚊子就想拍死它，所以科学家们才没制造蚊子机器人吧？

鱼形机器人

如果想观察海洋和河流等水下环境的地形，或者是想观察水中生物，模仿深海鱼类的外形来制造机器人岂不是最好的选择？

鱼形机器人看起来就像鱼一样，能在水中自由自在地游泳，能够用相机拍摄水下画面，帮助科学家们研究水中生物栖息地的生态状况和环境特征。

·模仿动物的特点发明的工具·

 除了上述介绍过的仿生机器人以外，其实还有很多工具是模仿动物的局部特点发明的。

脚蹼

在水域活动的动物，有些是得益于脚趾间的蹼才可以轻松地在水中游泳，如鸭子、青蛙等。人们利用这一特点发明了潜水时穿的脚蹼。

新干线

在日本，有一种叫作"新干线"的高速列车，该列车刚建成时，噪音大到无法正常运行。后来，设计师模仿翠鸟尖尖的长喙，对列车头外形进行了改造，噪音便减小了，速度也更快了。

连体泳衣

鲨鱼皮肤上布满突起，它们可以减少水的阻力。人们根据这一特点改良了连体泳衣，在其表面也制作了许多小突起，从而帮助人提高游泳速度。

 原来脚蹼是模仿动物身体的特点发明的。

 听了之后才意识到，这些工具真的很像动物的某个部位！

 仿生技术一定会发展得越来越先进。

上接第31页

如何对动物进行分类

动物的种类繁多，有青蛙、金鱼、麻雀、兔子、蛇、蜜蜂、猫，等等，那么是否有一个标准来将它们进行分类呢？根据以下标准，动物可以被分为很多种类。

麻雀　蜗牛　兔子　蛇　蜜蜂　蚯蚓　猫　青蛙　金鱼

有没有翅膀
有翅膀：蜜蜂、麻雀
没有翅膀：猫、兔子、蛇、蚯蚓、蜗牛、青蛙、金鱼

有没有腿
有腿：蜜蜂、麻雀、猫、兔子、青蛙
没有腿：蛇、蚯蚓、蜗牛、金鱼

卵生还是胎生
卵生：蜜蜂、麻雀、蛇、蚯蚓、蜗牛、青蛙、金鱼
胎生：猫、兔子

可不可以在水里生活
可以在水里生活：金鱼、青蛙
不可以在水里生活：蜜蜂、麻雀、猫、兔子、蚯蚓、蜗牛

上接第55页

原生生物与显微镜观察

我们是由许多细胞构成的生物。不过也有只由一个细胞构成的生物，那就是原生生物。在稻田、池塘和河流等处都生存着各种各样的原生生物。

草履虫

水绵

显微镜下的水绵

变形虫

钟虫

眼虫

实在太小了，肉眼应该看不到吧？

这里面装的是池塘里的水，要想看清楚原生生物，得用光学显微镜。

我还没用过显微镜呢。

光学显微镜是观察生物必备的工具，接下来就和我一起学习如何使用它吧。

目镜

物镜

转换器

载物台

粗准焦螺旋

聚光器

细准焦螺旋

光源

亮度调节开关

这就是光学显微镜的大致结构，请你仔细观察并记住它们。

 利用光学显微镜进行观察的第一步是制作标本：将观察物放在薄薄的载玻片上。

将水绵铺在透明的载玻片上。

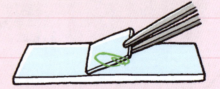

然后将薄薄的盖玻片盖在水绵上。

在放置盖玻片时应倾斜并缓慢覆盖观察物，以免产生气泡。

产生气泡了！

啊！

进阶

这也不是很难嘛。

那么下面就开始使用光学显微镜观察标本吧！多练习几次，相信你很快就能熟练操作。

1 第一步：转动转换器，使低倍物镜对准标本中间部位。

2 第二步：打开光源，通过调节聚光器的高度来调节光量，将水绵标本固定在载物台中间。

3 第三步：从侧面看显微镜，旋转粗准焦螺旋调节载物台高度，使标本尽可能贴近物镜。

4 第四步：一边看目镜一边转动粗准焦螺旋，缓慢降低载物台。看见水绵后，缓慢转动细准焦螺旋，直至图像清晰。

5 最后一步：转动转换器，调节物镜放大倍数，旋转细准焦螺旋直到样本清楚聚焦。最后，记录下所观察到的图像信息。

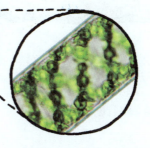

图像好模糊！

通过查看镜头上的数字，可以知道显微镜的放大倍数。如果目镜是10，物镜是4，那么10×4=40，即可以放大40倍。

我看到了！

上接第115页

蛇如何移动

蛇的爬行方式多种多样，常见的有以下4种。

有些蛇像波浪一样弯曲身体移动，如果地面上有类似于石头之类的突起物，它就会直接从上面爬过去。

有些蛇将身体一字排开，利用腹部鳞片贴住地面，拉着身体向前移动。通常体型较粗的蛇会采用这种方式移动。

有些蛇的身体像正在被拉奏的手风琴一样，不断伸缩，交替着向前移动。

有些蛇将身体弯曲成S形，用身体的侧面左右扭动，而不是前后伸缩移动。通常，生活在沙漠中的蛇会采用这种方式移动。

鬼怪博士与花岛的秘密 (全3册)

科学大爆炸

[韩]李邵英　　[韩]徐海敬/著
[韩]李敬锡/绘　　蔡慧前/译

3 植物篇

四川文艺出版社

图书在版编目（CIP）数据

科学大爆炸 ：全3册 /（韩）李邵英，（韩）徐海敬
著；（韩）李敬锡绘；蔡慧前译. -- 成都：四川文艺
出版社，2024.1
　　ISBN 9787-5411-6832-1

　　Ⅰ.①科… Ⅱ.①李… ②徐… ③李… ④蔡… Ⅲ.
①科学知识－儿童读物 Ⅳ.①Z228.1

中国国家版本馆CIP数据核字(2023)第233884号

版权登记：图字 21-2023-44 号

과학이 BOOM 1:우리 몸 (Science BOOM! 1:Our body)
Copyright © 2021 Text by 이소영 (Lee soyoung, 李邵英), Illustrated by 이경석 (Lee kyoungseok, 李敬錫)
All rights reserved. Simplified Chinese Copyright © 2024 by Beijing Standway Books Co., Ltd
Simplified Chinese language is arranged with EBS(EDUCATIONAL BROADCASTING SYSTEM)
through Eric Yang Agency and CA-LINK INTERNATIONAL LLC

과학이 BOOM 2: 동물 (Science BOOM! 2: Animals)
Copyright © 2021 Text by 서해경 (Seo Haekyung, 徐海敬),Illustrated by 이경석 (Lee kyoungseok, 李敬錫)
All rights reserved.Simplified Chinese Copyright © 2024 by Beijing Standway Books Co., Ltd
Simplified Chinese language is arranged with EBS(EDUCATIONAL BROADCASTING SYSTEM)
through Eric Yang Agency and CA-LINK INTERNATIONAL LLC

과학이 BOOM 3: 식물 (Science BOOM! 3: Plants)
Copyright © 2022 Text by 이소영 (Lee soyoung, 李邵英), Illustrated by 이경석 (Lee kyoungseok, 李敬錫)
All rights reserved.Simplified Chinese Copyright © 2024 by Beijing Standway Books Co., Ltd
Simplified Chinese language is arranged with EBS(EDUCATIONAL BROADCASTING SYSTEM)
through Eric Yang Agency and CA-LINK INTERNATIONAL LLC

KEXUE DA BAOZHA QUAN 3 CE

科学大爆炸（全3册）

[韩]李邵英 [韩]徐海敬　著
[韩]李敬锡　绘
蔡慧前　译

出 品 人	谭清洁
选题策划	北京斯坦威图书有限责任公司
编辑统筹	李佳铌
责任编辑	谢雨环 范菱薇
封面设计	杜　帅
责任校对	段　敏

出版发行　　四川文艺出版社（成都市锦江区三色路238号）
网　　址　　www.scwys.com
电　　话　　010-82561773（发行部）　028-86361781（编辑部）

印　　刷	天津画中画印刷有限公司			
成品尺寸	170mm×240mm		开　本	16开
印　张	30		字　数	190千字
版　次	2024年1月第一版		印　次	2024年1月第一次印刷
书　号	ISBN 978-7-5411-6832-1			
定　价	198.00元（全3册）			

在幸福的21世纪，人们应该像享受艺术一样享受科学。那么，何为享受科学呢？不是要求我们去掌握世界上所有的科学知识，毕竟科学的发展速度之快，有时连科学家们都无法赶上其脚步。真正意义上的享受科学是指像科学家一样，以创新的思维思考问题，以科学的态度对待世界。

但这样的思维和态度并不是凭空产生的。如今，即便是一些基本的科学常识都会让我们感到陌生，因而亟待一位能够引导我们享受科学的引路人。《科学大爆炸》系列书籍打破了孩子们进入科学世界的壁垒，为孩子们打开科学的大门，让孩子们能够轻松愉悦地学习科学。因此，我建议孩子和家长一起阅读该系列书籍。

李正模（韩国国立果川科学馆馆长）

当孩子们有很多疑问、内心充满好奇的时候，最好的解决办法是什么呢？那就是让他们读一本优质的科学读物。

许多人不喜欢阅读科学类读物，一方面是因为这类书读起来很累、很难，另一方面则是觉得知识性内容读起来很乏味。但有些科学书籍，能够比哔哩哔哩更快、比抖音更有趣地给我们解答科学问题。《科学大爆炸》系列书籍便是其中之一。

跟着一边高喊"我想过平凡的生活"，一边无法隐藏自己科学天才身份，随时随地开启"一起学科学"环节的守浩一起学习，不知不觉间，孩子们不仅为自己心中的疑问找到了答案，还掌握了寻找答案的方法。希望大家能够通过阅读《科学大爆炸》系列书籍，感受到科学的神奇与魅力，尽情享受科学带来的乐趣。

李恩熙（科普工作者）

寻找隐藏在身边的科学

"哇！这是什么植物啊？"

这刚探出小脑袋的嫩芽真可爱。

感谢茂密的树叶为我们提供了天然的"遮阳伞"。

每当看到那些盛开的花朵，我就会不由自主地露出微笑。

每当看到那令人垂涎欲滴的果实，我就会忍不住流口水！

"可是植物们不能四处旅行，总站在一个地方，它们应该会感到很无聊吧？"

嗯？难道植物们真如我们所看到的那般，什么都不做，只是静静地待在原地吗？不！它们也会呼吸、喝水和制造养分，还会结出种子，繁衍后代。你是不是感到十分惊讶？原来一动不动的植物竟然会做这么多事情！

不仅如此，植物还有很多令人惊叹的神奇之处。比如，它们为什么开花结果？为什么形态各异？蜜蜂为什么围着花朵飞来飞去？秋天的树叶为什么颜色各异……我们越是深入地去探究其中的秘密，就越会觉得不可思议。

　　《科学大爆炸》系列书籍将科学知识融入亲切有趣的故事之中。当你沉浸在故事中、畅游在书本里时，就会在不经意间掌握一个又一个科学知识。并且，穿插在故事中的"一起学科学"环节还贴心地为小读者整理了一些必学的科学知识。简单易懂的图片再加上书里人物精彩的讲解，一定会为你的阅读之旅增添不少趣味。此外，每篇故事最后都有难度升级的"科学知识进阶"环节在等着你哦！书中内容如此丰富多彩，相信一定会满足你对植物的好奇！

　　"原来学科学这么有趣啊！"

　　在阅读的过程中，希望你能找到隐藏在故事中的"科学"，在满足好奇心的同时也能体会到解开谜题的喜悦。

韩国EBS小学讲师　金文柱

目录

附录 **科学知识进阶**

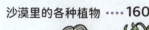

主要人物

守浩

你应该认识我吧？

我就是那个天才少年，因为想过平凡的生活才去上了小学。

不过，我的身边总是会发生一些不平凡的事情。

这次坐船去花岛又会发生什么呢？

安妮

我唯一的愿望就是养一只小猫。

听说这次去花岛，只要完成一件非常简单的任务，我的愿望就能实现。

但是，这项任务真的很简单吗？

会不会又卷进什么奇怪的事情里呢？

世灿

我是一个吃得好、睡得香、长得帅的孩子。有人说我只知道吃、吃、吃，那是因为他们还不了解我。这次的花岛之行也是多亏了我，才能顺利化解危机呢。想知道我是如何化解危机的吗？那就接着往下看吧！

次要人物

毛团奶奶

时隔30年，老朋友居然寄来了一张明信片。
思来想去，我总觉得他好像处于危险之中。
可是我因为晕船不能去见他……
没办法，虽然觉得他们是一群捣蛋鬼，
但也只能派"三剑客"去了。

鬼怪博士

我曾经是一名喜欢冒险的植物研究员。
如今我住在岛上默默地照顾着这些植物。
可一夜之间，我就要失去它们了。
这可怎么办啊？

朴大叔

我是花岛上最好的农夫，也是拖拉机
驾驶达人。
鬼怪博士虽然有点奇怪，但他却是个
值得尊敬的人。
无论鬼怪博士做什么，我都会赞成！

你好！又见面了，我是守浩！

接下来，我们就要一起来了解植物啦。

可能你会觉得植物总是静静地站在一个地方，它们一定

感到很无聊吧？

但事实并非如此！

植物也会耍花招，也会"想"到一些妙主意。

当你越了解它们，就越是觉得不可思议。

准备好了吗？让我们一起走进植物王国吧！

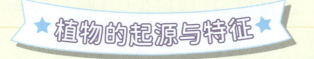

第 1 章

植物的起源与特征

"啊！怎么会这样？"

院子里传来安妮妈妈的尖叫声，拿着筷子的安妮愣了一下，随后又若无其事地把筷子朝着桌子上的餐盘伸去。

与此同时，只听"砰"的一声，从院子进入厨房的那扇门被撞开了。

安妮妈妈涨红着脸，还没等安妮夹起烤肉，她就飞奔到餐桌前，端走了盛着烤肉的盘子。

"啊？"

安妮一脸疑惑地抬头看向妈妈，搞不明白她为什么要把面前的烤肉端走。

"跟我出来。"

听到妈妈那冷冰冰的声音后，安妮轻轻地放下筷子，跟着走了出去。

"你看到了吗？这一看就知道是谁干的！"

妈妈颤抖着手，朝已经破损的小栅栏内侧指去。

那……那……那边……吓得我都站不起来了。

什么呀？是蛇吗？

嗦嗦嗦嗦

安妮家的院子里有个十分特别的地方，那就是由妈妈精心打理的花园。从春天到秋天，花园里都盛开着鲜花。妈妈的一大乐趣就是请邻居们过来喝茶，顺带炫耀一番自己打理的花园。

　　今年，妈妈在花园最中央用小栅栏围了一块地方，并在里面种了一粒花籽。安妮好几次问妈妈那是什么，妈妈都神神秘秘地回答道："传说中的花籽。"

一天，安妮妈妈正打算像往常一样，给花籽浇水，再为它播放一会儿古典音乐。这时，她突然发现，两片指甲大小的叶子已经从土里冒了出来。

安妮清晰地记得，就在两天前，妈妈还跟自己炫耀花籽发芽了，小小的双子叶植物不到两天就长出了茎，妈妈很疼爱它。

可就在今天早晨，意想不到的事情发生了。安妮妈妈发现栅栏里的小芽被连根拔起，叶子也被撕成了碎片，栅栏里乱糟糟的，到处都是小猫的脚印。从脚印的大小来看，这分明就是安妮昨天带回来的那只小猫的恶作剧。

就在昨天，安妮恳求妈妈让她收留一只流浪猫，妈妈勉强同意了。安妮在院子的角落里放了一个小纸盒，把它当作小猫的窝。但那只小猫不仅不懂得感恩，还毁掉了安妮妈妈心爱的植物。

安妮快步走进屋里，过了一会儿便拎着包跑了出去。

"你去哪儿？我的花怎么办？"妈妈问道。

安妮头也不回地喊道："去找小猫！"

噗，哈哈！

来到学校，安妮把自己的遭遇讲给同学听。

"噗，哈哈哈哈！"守浩听后，笑得把嘴里的饭都喷了出来。

世灿则目不转睛地盯着餐盘，问道："你找到猫了吗？那你今天岂不是回不了家了？"

"别提了，我妈妈刚刚给我发了消息，这件事别想搪塞过去。"安妮一边用筷子戳着餐盘里的蕨菜，一边埋怨道，"我妈妈怎么可以这么对我？到底是一动不动的植物重要，还是活蹦乱跳的小猫重要啊？"

世灿见状，连忙夹走安妮餐盘里的蕨菜。

"可别浪费了，蕨菜多好吃啊。小猫固然重要，但美味的蕨菜也很重要。"

"朋友们。"守浩收起脸上的笑意，一脸正色看着他们。

你们了解植物吗？

当然了！我妈妈喜欢植物，可我讨厌植物。她种的玉米、萝卜和胡萝卜，我都不喜欢，尤其是那"传说中的花籽"！

可我喜欢植物，我喜欢爽口的生萝卜、甜甜的油炒胡萝卜还有清脆香甜的玉米。

"你们有没有想过，如果没有植物，地球会变成什么样呢？"守浩问。

安妮耸了耸肩，回答道："那我可真是求之不得，这样我就再也不用吃那难吃的胡萝卜了。"

听了安妮的话，世灿无奈地摇了摇头。

听了守浩的话，世灿突然向蕨菜打起了招呼："蕨菜爷爷，让我咬上一口，就一口。"

　　看着世灿憨厚可爱的样子，守浩笑得合不拢嘴。

　　"啊！朋友们，我想起来了，有个地方好像可以找到'传说中的花籽'。"安妮眼睛一亮，立马从座位上站了起来，"那个花籽应该是毛团奶奶送给我妈妈的，不久前，我看到她们好像在秘密交换什么东西，应该就是那个花籽！"

　　说完，安妮猛地抓住守浩和世灿的肩膀，问道："你们会陪我一起去的，对吧？"

21

当天下午，他们就来到了毛团奶奶家门前。

安妮从门缝中看过去，指着里面的植物，说："看到了吗？就是那个长着两片叶子的植物。"

守浩踮脚望去，回答道："嗯，看到了。"

"不过，你真的打算偷溜进去拿吗？"世灿有些犹豫，偷东西可不是什么好行为！

安妮一脸严肃地背起书包，回答道："当然了，你们在这里给我望风。"

让开！

不行！

一定要三思啊。

守浩听后，立即挡在安妮面前，一脸严肃地说："不行！盗窃属于犯罪。"

"别拦我！那株植物我非拿不可。"

说完，安妮便打算推门进去。守浩和世灿都极力劝阻着她。

这时，一个声音突然出现在他们身后。

"小家伙们，你们在干什么？"

毛团奶奶不知什么时候出现在他们身后，她请三个孩子进屋坐坐。

三人颤颤巍巍地跟着毛团奶奶进了屋，安妮主动说明来意。

"什么？你要找'传说中的花籽'？"毛团奶奶问道。

安妮哽咽着说："是的，请您给我一粒花籽吧。如果没有它……呜呜。"

毛团奶奶轻轻闭上眼睛，思考了一会儿，随后将一张明信

片递给他们。

"我可以给你花籽，不过我有个条件，你们得去帮我找个人。"

他们连忙拿起明信片，仔细地看了看。守浩推了一下眼镜，惊讶地问道："您是要我们去这里吗？"

"没错，路途并不远，你们只需要帮我过去看看他过得好不好就行。怎么样，很简单吧？"

世灿听后，露出了担忧的神色："我还没坐过船……"

"是吗？那就当我刚刚什么都没说吧。"

说完，毛团奶奶打算拿走明信片但安妮却一把按住，然后将它放进口袋，说道："请您放心，我们一定会完成您交代的任务。"

我们已知的植物大约有40万种。

啊！你的脸！

哎呀，怎么每家每户都养花？

学校的花坛、还有公园里也有很多花草树木。

好在今天是周末……

我们要去的岛上应该也有吧？

快看！这里有苔藓，别看它长得不起眼，但它和蕨菜一样，很久以前就存在了。

这种地方居然也有植物。

长在墙边的蒲公英也开花了，植物的生命力可真顽强。

无处不在的植物

如果太热或太冷，植物应该就无法生存了吧？

万一晕船怎么办？

在干旱的沙漠和寒冷的极地里也生长着植物，它们会适应环境，顽强生长。

沙漠——仙人掌

我的体内储存着水，因而在干旱的沙漠中也能存活。

火辣辣

极地——挪威虎耳草

极地不仅寒冷，而且风也很大，所以我长得比较低矮。

你们知道植物和动物有什么不同吗？

光看外形就不一样。

没错，而且植物不会排便。

植物有几种不同于动物的重要特征。

植物的特征

植物VS动物 第1轮

虽然植物具有生命，但它们却无法移动。

我一直都在这里。

你应该很无聊吧？我可以自由行走，还可以钻到地底下呢！

植物VS动物 第2轮

虽然植物无法移动，但大部分都能自己制造养分。

只要有光、二氧化碳和水，我就可以自己制造养分。

CO_2

嚏

雪里会有食物吗？

噗通

好羡慕植物啊！不像我，在寒冷的冬天也还得到外面找食物。

植物VS动物 第3轮

植物细胞的形状也不同于动物细胞。

这是显微镜下的洋葱表皮细胞。

眼泪都被辣出来了。

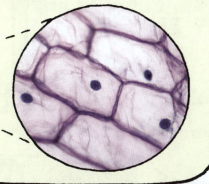

细胞是什么？

细胞是构成生物体的基本单位，十分微小，得用显微镜才能看到。

知识进阶

想知道植物细胞和动物细胞有什么不同吗？那就请翻到第154页，开启科学知识进阶之路吧！

27

植物的起源

  大约46亿年前，地球诞生了。经过漫长的岁月，地球最终变成了现在的样子。那么，植物是如何演变而来的呢？

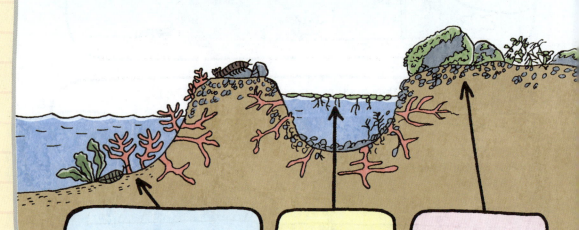

据说植物最早出现在海洋里，如海青菜、裙带菜、海带等。结构简单的藻类是植物的祖先，它们能在水里自己制造出自身所需的养分。

藻类中，呈绿色的绿藻类逐渐进化，迁移到陆地生活。

接着，出现了无籽的苔藓类植物，它们靠孢子进行繁殖，喜欢生长在阴暗潮湿的地方。

原来裙带菜这么古老。

您好，裙带菜爷爷。

果然是个有礼貌的孩子。

苔藓类植物？

苔藓就是苔藓类植物之一。

后来，出现了蕨菜等<u>蕨类植物</u>，它们比苔藓长得更大，也靠孢子进行繁殖。据说在古生代，它们最高可以长到25米。

再后来，又出现了种子裸露在外面的<u>裸子植物</u>，如松树、银杏树、果松等。

最后出现的是开花结果的<u>被子植物</u>，我们所知道的大部分植物都是被子植物。

松果的种子裸露在外面。

这是种子。

这是可以吃的吧？

把苹果掰成两半的话……

被子植物的种子藏在里面。

为什么植物能在强风中屹立不倒呢？

这可多亏了能牢牢抓住泥土的根呢。

尽管我们看不见根，但它却一直都在泥土里默默工作，

发挥着重要的作用。

除了根，茎也很重要，它就像一根柱子，支撑着植物

向上生长。

在第2章，我们就来一起了解根和茎的作用吧！

出发，去花岛

★ 根与茎 ★

船上，三人正围在一起看明信片。每当船在海浪中摇摆的时候，他们就会不受控制地跟着一起左右摇晃。

　　"这张明信片是住在岛上的那个人寄的，对吧？"安妮问。

　　"嗯，看来这个人对毛团奶奶很重要。"守浩扶了扶眼镜回答。

　　世灿翻看着明信片，说："不过，到底是谁寄的呢？上面只写了地址。"

令人感到奇怪的是，明信片的反面没有写任何信息，只画着些杂乱无章的爬山虎。

守浩皱着眉头，若有所思地说："明信片背面画的这些爬山虎会不会有什么特殊含义呢？它是一种攀附在墙壁或柱子上生长的藤本植物。经过缜密的推理，我认为这幅画的含义是……"

安妮不耐烦地打断他，说："哎呀，不清楚这幅画的含义也没关系，这次的任务很简单，我们只需要根据这上面的地址找到住在那里的人，看看他过得好不好，然后回去把情况告诉毛团奶奶就行了。"

接着，她又笑着说："等我拿到花籽，我就可以名正言顺地让妈妈同意我养一只小猫了。太好了，过不了多久，我就可以拥有属于自己的小猫了！"

安妮在船头张开双臂，畅想着拥有小猫后的生活，海风吹着她的长发，鬓角的头发湿答答地贴在脸上。

守浩一边将明信片装进包里，一边嘟囔着："但愿事情真能像安妮说的那样顺利。"

这时，广播响了起来："各位乘客请注意，前方即将到达花岛。"

船朝着码头缓缓靠去，不远处的大石头上刻的字也变得愈加清晰——"欢迎来到花岛"。

可不知为何，岛上的环境给人一种阴森森的感觉，让人很难将它和"花岛"这个美丽的名字联系到一起。可能是因为天空阴云密布，码头周围的建筑物看起来也黯淡无光，建筑物四周拉起的横幅上还写了一些他们看不懂的字。

朴大叔开着拖拉机载着安妮一行人前往鬼怪博士的家，拖拉机哐唧哐唧地响了一路，他们在临近一座山时停了下来。三人刚下船时，周围还能看见几处房子，现在从朴大叔的拖拉机上下来，那些房子全都消失不见了，放眼望去，四处都是田地。

　　朴大叔指着山的方向说："鬼怪博士的家就在那边，你们走过去就能看到，记得代叔叔向博士问个好。"

　　话音刚落，朴大叔便开着拖拉机离开了。随后，三人便朝着鬼怪博士家走去。三人走近了才发现，鬼怪博士的房子外面爬满了爬山虎，看上去好像已经很久没有人居住了。

　　大门破旧不堪，被风吹得咯吱作响。

　　"谁啊？"

　　突然，屋里传来一记沉闷有力的声音，吓得他们失声尖叫："妈呀！"

　　还没等三人缓过神来，眼前就出现了一位留着白胡子、穿着胶鞋的老爷爷。如果这位老爷爷头上再长个角，那么不管是谁遇见他，都会觉得他一定是从《山海经》中走出来的角色。

　　守浩颤抖着手递出明信片，说道："我们受毛团奶奶委托来这里看望您。"

　　鬼怪博士瞥了一眼明信片，大手一挥示意他们跟上，接着便大步流星地朝前走去。

"这是要去哪儿？""我不知道。"他们一边用口型无声地交流着，一边跟在后面。

不一会儿，鬼怪博士便领着安妮一行人来到了他家附近的田地。只见地里杂草丛生，乱糟糟的一团。

"这棵植物是蟋蟀草，它的叶子跟水稻的叶子一样修长；旁边那株茎长得十分粗壮的植物是马齿苋。"

安妮、守浩和世灿不明白鬼怪博士为什么突然向他们介绍这些草，他们瞪圆眼睛盯着博士。

"这几天太忙了，没顾得上来地里除草，结果田地里变得一团糟。"

接着，鬼怪博士环顾着田地，咂舌道："还愣着干吗？还不快拔，一定要连根拔起。"

说完，博士便悠然自得地朝田埂上走去。他选中了一块被树荫遮蔽的地方，"扑通"一声，躺了下来。

"我们上当了！"

安妮哆嗦着手，有些气愤地说："原来，是因为没人帮这位爷爷干活，毛团奶奶才派我们来的。"

守浩听后，叹了口气。

"那也没办法，我们还是抓紧干活吧。如果我们现在选择当'逃兵'，你就拿不到花籽了。"

39

世灿听了守浩的话，很是认同。他拍了拍安妮和守浩的肩膀，为自己的朋友加油打气，紧接着，像一位勇敢的士兵一样，坚定地走进田地，不紧不慢地蹲下身去，随手抓住一棵蟋蟀草的叶子，用力地拔了起来。

"啊！怎么这么难拔？"

世灿双手紧紧握住草叶，双脚的脚后跟蹬地，不停地用力往后拽。可是，这小小的蟋蟀草不知用了什么神奇的魔法，即便世灿使出了浑身的力气，脸都涨红了也没能拔出来。世灿泄了气，他一屁股坐到地上，心里打起了退堂鼓。

"哎哟，你力气太小了，还是换我来吧。"

只见安妮抓住马齿苋的茎，往后用力一拉——结果只拔掉了茎。

"植物的根不仅能帮它们牢牢地固定在土壤中，还能为它们吸收土壤中的养分。植物的根系十分庞大，因此想要把植物连根拔起并不容易。"

说完，守浩便将铲子递给了世灿和安妮，示意他们用铲子挖。

"植物的生长离不开根，正如鬼怪博士所说，如果不连根拔起，杂草就会继续生长。"守浩说着便蹲下身去开始除草。

世灿和安妮也用铲子翻动着草株周围的土壤。不一会儿，世灿就用铲子挖出了蟋蟀草的根。他将蟋蟀草高高举起，认真观察这株草，那沾满泥土的根好似胡须一般。

世灿对比了自己手中的蟋蟀草和安妮手中的马齿苋，疑惑地说："咦，它们的根怎么长得不一样呢？"

安妮挖出的马齿苋只有一条主根，在这条粗壮的主根上，长出了许多细小的侧根，它们向四周蔓延，倒过来看就像一棵松树。

"双子叶植物和单子叶植物的子叶形状不同，它们根的形态也不一样。马齿苋是双子叶植物，蟋蟀草是单子叶植物。"守浩说。

双子叶植物的根是直根，如马齿苋，中间有一个直而粗的主根，上面附有小而细的侧根。

单子叶植物的根是须根，如蟋蟀草，没有粗大的主根，只有和胡须一般纤细的须根。

侧根　　主根

马齿苋的根

蟋蟀草的根

　　守浩一手拿着马齿苋，一手拿着蟋蟀草，说道："根负责吸收土壤中的水和养分，根的分支越多，根与土壤的接触面积就越大，吸收的水和养分也就越多。"

　　解释完后，守浩轻轻推了下眼镜。这时，安妮拿着铲子朝他走过来。

　　"拿着，你也得帮忙挖。"

　　就这样，三人齐心协力地除起了草，不时从田埂上传来鬼怪博士的阵阵鼾声。不一会儿，被挖出来的杂草已经在田地的一侧堆成了一座"小山"。

"咕噜咕噜——"辛勤劳作了一个上午，三人饿得肚子都叫了起来。

　　鬼怪博士美美地睡了一觉后，从草地上起身，伸了个懒腰，然后朝他们走过来。

　　"小家伙们，我们走吧。"

　　三人听后，稍稍往后退了几步，支支吾吾地说："啊？去哪里啊？"

　　"哈哈，你们肚子都饿得咕咕叫了，当然是去吃饭了。你们中午想吃什么？土豆还是红薯？"

　　鬼怪博士一边说着，一边迈着轻快的步伐向家走去。

根的功能

哇！这树长得真大。

即使刮台风它也能屹立不倒吧？

庞大的根系能够牢牢地抓住土壤，让大树屹立不倒。

所以树多的地方不容易发生山体滑坡。

大树先生，谢谢您阻止了山体滑坡。

鞠躬

没错，多亏了树根牢牢抓住泥土，暴雨袭来时土地才不容易塌陷。

呀！

呸！

44

此外，根还能吸收土壤中的养分和水，并将这些营养物质输送到茎和枝干。多亏了根，植物才能获得营养、健康生长。

有些植物会将养分直接储存在根部，例如红薯、胡萝卜和白萝卜。

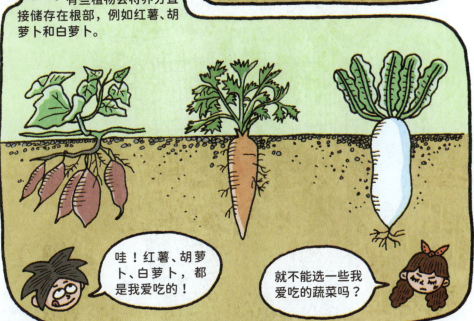

哇！红薯、胡萝卜、白萝卜，都是我爱吃的！

就不能选一些我爱吃的蔬菜吗？

根是如何吸收土壤中的水和养分的呢？

差点就忘了说，多亏了你提醒。

忘了也没事……

根的形态

植物根部的根毛会吸收水和养分，然后通过茎输送到各处。

根毛
根毛越多，能够从泥土里吸收到的水和养分就越多。

筛管
运输叶子制造出的养分。

表皮
根部最外层的一层细胞。

皮层
表皮和内皮之间的细胞层。

导管
运输根从泥土中吸收的水和养分。

内皮
保护导管和筛管。

生长点
位于植物的根尖，能够促进根的生长。如果生长点受伤，植物就会无法正常生长。

根冠
由死去的细胞堆积而成，负责保护生长点。

生长点和我们身体里的生长板有着相同的作用。

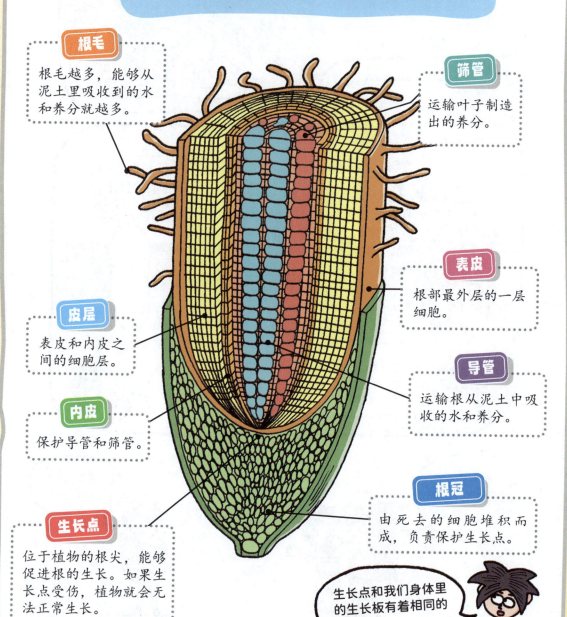

下面分别是单子叶植物和双子叶植物根的横切面图。单子叶植物的根中间有像芯一样的东西，且维管束呈圆形排列，但双子叶植物的根中间则没有类似芯一样的东西，且维管束都聚集在中心。

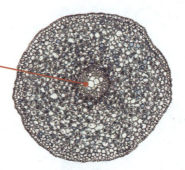

维管束

玉米（单子叶植物）
的根切面

毛茛（双子叶植物）
的根切面

维管束？是花束吗？

输送水分的导管和输送养分的筛管统称为维管束，就好比从植物的根到茎有一根长长的吸管。

如果没有维管束，养分就无法被输送到茎和叶。

还磨蹭什么呢？再不跟上我，待会儿就没饭吃了。

啊

知识进阶

想知道帮助根吸收养分的细菌有哪些吗？那就请翻到第155页，开启科学知识进阶之路吧！

茎的形态与功能

如果把植物的茎切开进行观察，我们就会发现维管束从根部一直延伸到茎。如此，根吸收的养分便可以通过茎输送到花和叶。对了！维管束还包括形成层。

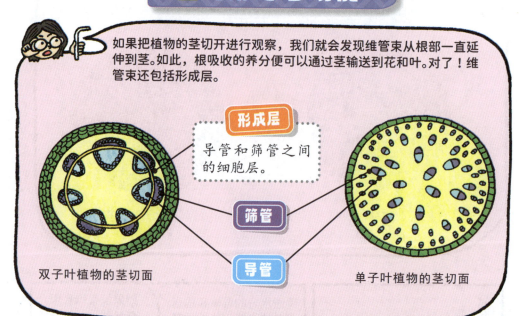

形成层

导管和筛管之间的细胞层。

筛管

导管

双子叶植物的茎切面　　　　　　　　　　　单子叶植物的茎切面

咦？单子叶植物的茎没有形成层吗？

形成层只存在于双子叶植物的茎中，它可以让茎变厚变粗。树木也有形成层，所以大树经过一年的生长会变高、变粗。

双子叶植物的茎

单子叶植物的茎

知识进阶

想了解更多有关树木年轮的知识吗？那就请翻到第156页，开启科学知识进阶之路吧！

48

茎不仅可以帮助植物站立，而且还可以储存水和养分。

仙人掌将水储存在茎中。

土豆将养分储存在茎中，我们吃的土豆实际上是膨胀的块茎。

仔细观察后，你就会发现，茎可以分为以下4种类型。

直立茎

直立生长的茎，如松树、向日葵、玉米和杜鹃花等。

地下茎

有些植物的茎生长在地下。有些植物的茎会从地下往旁边延伸，然后往地上长出茎和叶；有的则像土豆和芋头一样，将养分储存在茎中，从而膨胀起来。

缠绕茎

又细又长，缠绕在其他物体上生长，例如牵牛花。此外，爬山虎的茎属于攀缘茎。

匍匐茎

匍匐于地面生长的茎，如草莓、红薯等植物的茎。

叶子都出来吧!

啪嗒!

我们在花岛遇到了鬼怪博士。

说起植物,博士好像无所不知。

在第3章中,我们将会一起学习许多与 植物叶子 有关的有趣

知识。

比如,为什么松树的叶子是针状的?为什么叶子会在秋天变色?

你是不是对这些自然现象感到很好奇?那就接着往下看吧!

世灿躺在被子上，一脸愁容地抱怨道："我的腰好疼。"

"回去后，我们得去找毛团奶奶算账！这根本就是个骗局。"安妮一边锤着手臂，一边说，"守浩，你的身体没有不舒服的地方吗？想来也是，你都没怎么干活，一直在那儿思考其他的事。"

"快来看。"守浩盯着明信片说，"这幅画一定有特殊含义。"

他推了推眼镜，世灿和安妮见状迅速挪了过来。

"你发现什么了？"

"你们别离我这么近，我会有压力的。你们不觉得这些植物像是在传递某种暗号吗？"

世灿和安妮摇了摇头，齐声说："不觉得。"

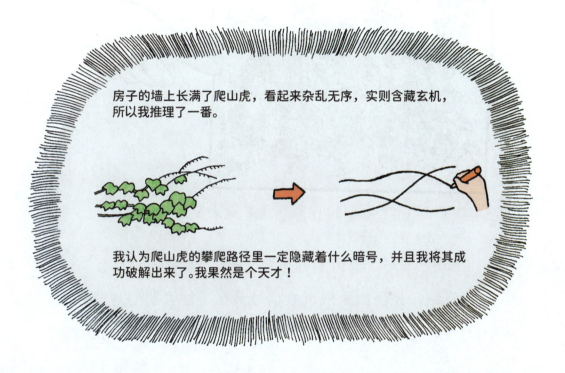

房子的墙上长满了爬山虎，看起来杂乱无序，实则含藏玄机，所以我推理了一番。

我认为爬山虎的攀爬路径里一定隐藏着什么暗号，并且我将其成功破解出来了。我果然是个天才！

"快说，到底是什么暗号？可别和我们说'1分钟后揭晓答案'之类的话。"安妮着急地问。

守浩停下来，看向两人。

"哈哈，你们怎么知道我要说这句？"

此时，安妮和世灿一致认为守浩幼稚极了。

"好吧，你们瞧，乍一看，爬山虎的藤条是随意长的，但当我用手从左上角开始跟着画，文字就会显现出来。"

世灿和安妮又一次异口同声地喊道："S！O！S！"

"没错，鬼怪博士把求救信号藏在了这张明信片背后的图画里，毛团奶奶看到后十分担心他，所以才会派我们来岛上。"

安妮并不认同守浩的观点，她不以为意地说："不就是因为田里的活没人干，这才让我们过来帮忙嘛。"

但守浩却摇了摇头："不，我的直觉告诉我，博士一定还有别的困难。"

"锵咚锵、咚咚隆咚锵！"

门外响起了阵阵嘈杂声，好像有人在敲锣打鼓。他们打开房门，只见鬼怪博士正用勺子敲打着瘪了的锅，嘴里还喊道："眼镜，卷发，尖头！快点出来干活了。"

随后把工具和食材放在他们面前，毫不客气地说："眼镜淘米，卷发摘南瓜叶，尖头扫院子。"

安妮听后，拿起锅嘟囔道："我没说错吧！我们都被骗了，回去一定要找毛团奶奶算账。"

鬼怪博士坐在檐廊上冲他们发号施令。

午饭时间，安妮看着桌子上仅有的南瓜叶包饭和大酱汤，拿起筷子又放下，最终还是忍不住问鬼怪博士有没有荤菜。

说完，鬼怪博士便把饭放在南瓜叶上包好，津津有味地吃了起来。

　　这时，世灿贴着安妮耳朵，小声说道："你觉不觉得鬼怪博士很像一个人？"

　　安妮听后，小声回答道："我觉得鬼怪博士和守浩很像。"

　　鬼怪博士津津有味地吃着饭。

　　这时，守浩突然问道："博士，我有个问题想问您。明信片上借爬山虎表达的SOS有什么特殊含义……"

　　"嘘！"

　　还没等守浩把话说完，鬼怪博士就赶忙把手指放在嘴唇上示意他们安静。随后急忙穿上脱在檐廊的胶鞋，小声说道："大家先别吃了，跟我来。不要大声说话，切记要保持安静。"

三人一脸茫然地穿上鞋，跟在鬼怪博士身后。鬼怪博士带领三人来到房子后面，又朝山上走去。

　　"嘎吱"，伴随着一声巨响，一辆黑色汽车停在了鬼怪博士的家门口。接着，从车上下来了两个男人，他们一边敲门，一边喊着鬼怪博士。

　　鬼怪博士头也不回地继续往山上爬，直至听不见吵闹声才停下脚步。

　　"唉，腿好酸，我们先在这里休息一下吧。"

说完，鬼怪博士便走到一棵松树下倚着树干坐了下去。

一旁的安妮累得大口喘着粗气，问道："博士，那些人是谁啊？您为什么要逃跑呢？是您欠他们钱没还吗？"

"嘿，小家伙！我这辈子从没欠过债……不对，我总是在欠债。"

看到鬼怪博士那严肃的表情，三人也开始担忧。鬼怪博士一边抚摸着粗大的松树树干，一边嘟囔着。

"这些慷慨的植物啊！我每天都会欠它们一笔债。不仅是我，你们也一样。特别是松树，它会分泌出很多杀菌素。自古以来，人类就受到了松树给予的很多恩惠。干的松枝可以当柴火，花粉可以制作茶点，和茶搭配食用。"

　　"蒸松糕的时候还会铺上松针。"

　　听到世灿的回答，鬼怪博士十分满意地笑道："是啊，松针具有除菌作用。我真是越来越喜欢你们这些小家伙了。"

树木分泌的植物杀菌素对我们的身体大有益处。

呼哈

植物杀菌素实际上是树木为了保护自己免受昆虫和动物啃食而产生的物质。

你看，他俩是不是很像？

这时，世灿指着细细的松树叶子，问道："鬼怪博士，松树的叶子为什么像针一样是尖的呢？"

"松树的叶子一年四季都是绿色，所以也叫常青树。正因为松树的叶子细尖，水分蒸发量小，松树才能平安度过寒冷的冬天。"

叶子表面积越小，水分就蒸发得越少。

叶子表面积越大，水分就蒸发得越多。

说完，鬼怪博士又指着稍微远些的一棵树，说："你们看那棵树，那是棵橡树，会结橡子。宽宽的叶子看起来很像倒立的鸡蛋吧？一到冬天，光照时长变短，降雨量减少，这种树木的叶子就会因为光照和水分不足而掉落。"

鬼怪博士一谈到树木，整个人都变得十分认真。

突然，世灿站起来，抱住橡树说："博士，我喜欢橡树。多亏有它，我才可以吃到橡子凉粉。"

"什么？"

鬼怪博士听到世灿这令人费解的回答后，哈哈大笑了起来。

他们下山回到博士的家里时，黑车已经离开了。不过，
檐廊上却放着一个白色的信封，鬼怪博士心里一惊，哆嗦着
手拿起了它。

叶子的形态

爬山虎叶子尖尖的，很像世灿的发型。

银杏树叶子很像守浩的发型。

叶柄上所生叶子的数目以及叶子排列的顺序也多种多样。

下面就来比较一下双子叶植物和单子叶植物的叶子吧。

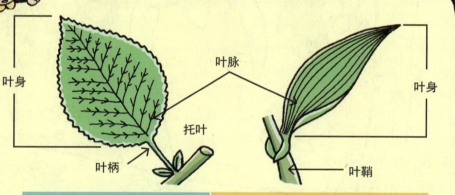

叶脉

叶身

叶身

托叶

叶柄

叶鞘

双子叶植物	单子叶植物
叶身连着叶柄	没有叶柄，叶身连着茎
通常叶子宽大	叶子细长
叶脉像网一样（网状脉）	叶脉平行排列（平行脉）
例如爬山虎、南瓜、樱花等	例如稻子、狗尾草、玉米等

它们的区别好大。

这是我第一次这么仔细地观察叶子。

根据叶柄上所生叶子的数目可以将植物分为单叶植物和复叶植物。

单叶植物的叶柄上只长有1片叶子，如银杏树、橡树等。

复叶植物的叶柄上长有多片叶子，如刺槐、玫瑰等。

叶子在茎上的排列方式称为叶序，为了得到更多阳光，叶子生长时不会重叠在一起，但形态却各不相同。

对生叶序，即植物各茎节上长有2片相对的叶子，如枫树等。

互生叶序，即植物各茎节上只长有1片叶子，如爬山虎、桑树等。

轮生叶序，即植物各茎节上长有3片或3片以上的叶子，如兔儿伞、垂盆草等。

丛生叶序，即植物各茎节上长有贴在一起的几片叶子，如银杏树等。

想了解如何根据形状对叶子进行分类吗？那就请翻到**第157页**，开启科学知识进阶之路吧！

叶子的功能（一）

叶子具有非常重要的作用。

你是说光合作用吧？鬼怪博士已经讲过了。

不过，光合作用到底是什么啊？

叶子里有一座"光合作用工厂"，叫作叶绿体。
叶绿体里有一种色素，叫作叶绿素。

光

叶绿体

叶绿素

叶绿素

水

CO_2

CO_2

CO_2

CO_2

二氧化碳

光有很多颜色，叶绿素不能吸收绿光，但能反射绿光。反射的绿光进入人的眼睛，所以叶子才会看起来绿油油的。

叶子进行光合作用需要水、二氧化碳和光。根吸收的水通过茎输送到叶子，二氧化碳通过叶子背面的气孔进入"光合作用工厂"，叶绿素负责吸收光。

知识进阶 想了解秋天时叶子变黄、变红的原因吗？那就请翻到第158页，开启科学知识进阶之路吧！

气孔？我还是第一次听说！

 肉眼无法看见叶子背面的小孔，这是我们在显微镜下看到的气孔。

 哇！好奇怪的东西，看起来像眼睛一样！

 叶绿体利用叶绿素吸收的光、茎输送的水以及空气中的二氧化碳生产葡萄糖和氧气。

光合作用产生的氧气会释放到空气中，葡萄糖被植物自身利用，它是植物赖以生存的能量。

叶子的功能（二）

山上很凉快吧？你们知道这是为什么吗？

因为树叶遮挡住了阳光？

因为树叶摇晃着，不停扇着风？

山上更凉爽的秘密就藏在叶子身上。我们来做个实验吧！

下面哪种方式感觉更凉快呢？

①脸上沾着水。

②脸上没有水。

正确答案是什么呢？

①号脸上沾着水！

什么呀？怎么扇得越用力，流汗越多？

回答正确！水蒸发时会带走周围的热量。而叶子会将光合作用剩余的水排出，这叫作蒸腾作用。

蒸腾作用发生的关键是气孔，植物白天需要利用二氧化碳和水进行光合作用，所以会打开气孔，水分就会被蒸发，到了晚上气孔则会关闭。

白天	晚上
气孔打开	气孔关闭

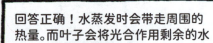

蒸腾作用是将根吸收的水以水蒸气状态散发到大气中，以此调节温度。

嗖——　嗖——

啊！吓我一跳。

叶子的功能（三）

你们知道吗？植物也像我们一样会呼吸。

像我们一样吸入氧气？

没错，如果植物想把光合作用产生的葡萄糖转化为能量，氧气必不可少。

植物在白天和晚上都会呼吸，但因为白天要进行光合作用，所以会吸入更多的二氧化碳，到了晚上则会吸入更多的氧气。

白天	晚上
光合作用的过程中会产生大量氧气，我会留下所需的量，排出多余的氧气。	我现在要专心呼吸，吸入氧气，呼出二氧化碳。

氧气　　二氧化碳

快来我这儿，我给你蜜。

到我这儿来，它的蜜不好吃。

呼——　呼——

世界上有讨厌花的人吗？

每当看到美丽芬芳的花朵，我的心情就会变好。

但你知道植物为什么会开花吗？

其实，花朵们用尽全力绽放，只是为了繁衍后代。

在第4章中，就让我们一起来学习花的结构以及植物吸引

昆虫的智慧吧！

鬼怪博士的秘密

★ 花 ★

第 4 章

鬼怪博士拿着信封，端详了好久，愁容满面。

"鬼怪博士，您还好吗？"安妮有些担心。

"这个信封好像是刚才来的人留下的。"守浩在一旁补充道。

鬼怪博士打开信封后，说想要一个人静静地待一会儿，便让三人去田里摘南瓜。

到了田地后，世灿沿着南瓜藤找了许久，说道："真希望能帮上博士的忙，但我连南瓜也找不到。"

守浩和安妮也一无所获，他们沮丧极了，一屁股坐在田埂上。

"鬼怪博士是不是不擅长种地啊，我一个南瓜也没看到。"

安妮一想到博士看完信后愁眉不展的样子，内心就十分不安，她看着守浩，问道："守浩，你有什么新发现吗？"

"目前还没有，但我总觉得明信片上隐藏的SOS别有用心，并不是指需要人来帮忙除草。"

安妮听了守浩的话后，点了点头说："我也是这么想的。"

突然，刚刚还在认真寻找南瓜的世灿一边跑过来，一边痛苦地叫喊着：

"救命啊！我的鼻子好像被蜜蜂蜇了！"

安妮和守浩发现世灿并没有被蜇，世灿擦了擦鼻子，有些尴尬地开口说："刚刚我看见一只蜜蜂钻进了南瓜花里，因为太好奇了，就凑上去看了看。"

守浩听后，搭着世灿的肩，一脸严肃地说："你搞砸了南瓜开花的重要时刻。"

世灿听后，满脸疑惑地看着守浩。

"南瓜花为蜜蜂提供花蜜和花粉，作为回报，蜜蜂就会帮它授粉，授粉成功后南瓜才能结果。"

世灿听后，一脸歉疚地说："这么说，它们不会结南瓜了？"

安妮推了推世灿，说："我们走吧。只要你不捣乱，南瓜苗还是会结出许多南瓜的。"

就在他们快到鬼怪博士家时，不远处传来了拖拉机的响声，循声望去，只见朴大叔正朝这边赶来。

"博士！博士！出大事了！"

朴大叔冲进博士家叫醒躺在檐廊上的鬼怪博士，喊道："您先别睡午觉了！那边来了辆挖掘机。"

鬼怪博士一听，猛地站了起来，急忙跑了出去，连胶鞋穿反了都顾不上，三人见状也立马跟着跑了起来。朴大叔跟在后面边追边喊："大家快上车！"

就这样，几人刚坐好，朴大叔就跳上车并立即发动拖拉机载着他们在田间奔驰起来。

一眨眼工夫，他们便来到了海边的一座山丘下。只见那里停着一辆挖掘机，旁边有两个黑衣人正说着话。

博士一下车，满腔的怒火再也压制不住，脱下脚下的鞋子就向黑衣人宣战了！

黑衣人并没有把博士放在眼里，他们撂下狠话后，就扬扬得意地开车离开了。

　　朴大叔朝车开走的方向挥了挥拳头，叹息道："哎，这帮坏蛋。"

　　世灿看向安妮，问道："哇，这好像电影里出现的情景，你觉得呢？"

　　安妮点了点头，回答道："鬼怪博士勇敢战斗的样子太酷了。"

　　守浩则向朴大叔问道："叔叔，综合现在的情况来看，鬼怪博士应该是受到了黑衣人的威胁，背后的原因和这座小山丘有关，对吗？"

　　朴大叔一脸可惜地看着守浩，回答道："是啊，这座山丘，博士守了几十年，可那帮人却想要推掉它。"

几人谈论间，鬼怪博士迈着沉重的步伐朝山上爬去。顺着山丘上的小径，便可以到达山顶。其他人见鬼怪博士低着头闷声不语地往山上走，也跟着爬了上去。

到达山顶时，他们已经累得气喘吁吁。

"哇！"

三个孩子被眼前的景象给彻底震撼了，赞叹不绝。

只见山上有一片美丽的花园，里面开满了色彩斑斓的花朵，旁边则是蔚蓝的大海，海面在阳光的照耀下闪闪发光。

这里是治愈心灵的圣地。

天啊！

79

　　"太美了。"安妮赞不绝口。

　　"了不起吧？博士将这里命名为'海洋花园'。这里一年四季都有鲜花盛开，很是壮观。刚开始，不少人都不理解博士，不明白他为什么一直在这里撒花籽。但谁又能想到，这里会变得如此美丽呢？"朴大叔耐心地向孩子们解释。

　　世灿坐在地上闻着花香，感叹道："这花可真香啊。"

　　"小心点，别被蜜蜂蜇了。"安妮见世灿周围不时有蜜蜂嗡嗡飞过，担心地开口说。

　　"没错，世灿，花儿散发香气不是为了吸引你，而是为了吸引蝴蝶和蜜蜂来授粉。"守浩笑着推了推眼镜。

　　世灿听后，被蜜蜂蜇鼻子的恐惧又涌上心头，他急忙用手把鼻子遮住，惹得守浩和安妮哈哈大笑。

"哈哈，眼镜说得对，人们都喜欢观赏美丽的花朵，但植物开花是为了繁衍后代。它们不能移动，所以需要吸引昆虫来搬运花粉。鲜艳的花瓣是为了引起昆虫的注意，吸引蜜蜂来采蜜。"

不知何时，鬼怪博士走到了他们身边。

那朵花是不是很像一个盘子？为了便于昆虫停留并快速搬运花粉，它会尽可能地伸展花瓣，露出雌蕊和雄蕊。

轻盈

就和直升机停机坪一样呢！

　　守浩听完博士的话，看着这些花，眼前一亮，喊道："博士，我明白了。看来植物和我一样是天才。"

　　安妮和世灿一惊，连忙拽了拽守浩的胳膊。

现在可不是炫耀自己的时候。

守浩，你长点眼力见吧！

"博士，我很好奇刚才那些人是谁？"

　　听到安妮的提问，鬼怪博士朝远处的大海望去，沉重地回答道："他们是搞开发的人，要在这里建一个度假村。"

　　三人听后，齐声高喊："不可以！"

　　"竟然要毁掉这么美丽的花园？"安妮的眼泪呼之欲出。

　　"真是难以置信！博士，请相信我们，我们一定会帮您守住海洋花园。"

花的结构

虽然不同植物花朵的颜色、形状和大小各有不同，但它们的结构却是一样的，都由雌蕊、雄蕊、花瓣和花萼组成。

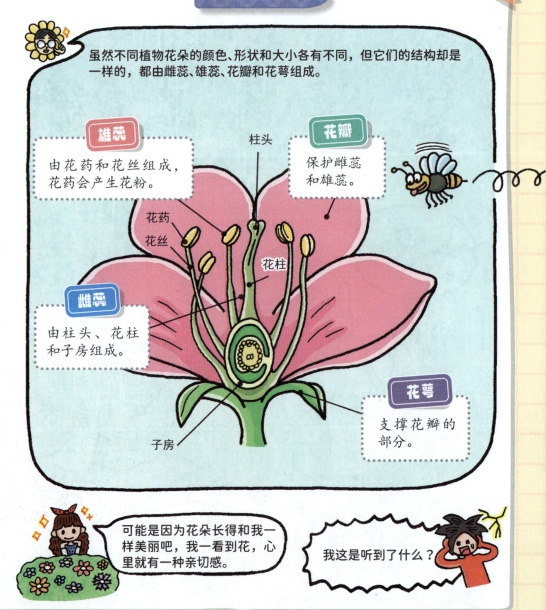

雄蕊
由花药和花丝组成，花药会产生花粉。

花瓣
保护雌蕊和雄蕊。

柱头

花药
花丝

花柱

雌蕊
由柱头、花柱和子房组成。

花萼
支撑花瓣的部分。

子房

可能是因为花朵长得和我一样美丽吧，我一看到花，心里就有一种亲切感。

我这是听到了什么？

啊，是蜜蜂！

啪！

真是一朝被蛇咬，十年怕井绳。这不是蜜蜂，是蚊子。

看来它是只雄蚊子。对了！你们知道花也有性别吗？

花也分男花和女花吗？

你好！

你好！

 大部分植物的花都有雄蕊和雌蕊，但南瓜、黄瓜和西瓜等植物的花则分为雌花和雄花。

南瓜的雌花里只有雌蕊。

南瓜的雄花里只有雄蕊。

授粉

花以其沁人的香气和鲜艳的颜色吸引昆虫到访。蝴蝶和蜜蜂等昆虫为了寻找花蜜会穿梭于花朵之间，花粉从雄蕊传送至雌蕊的过程叫作授粉。

吃完蜜记得帮我搬运花粉，知道了吗？

授粉成功！

快看！花瓣上还有花纹呢，会不会有什么特殊含义？

这是花朵在告诉昆虫这里有蜜，也可以说是为昆虫准备的指示牌。

哦，花朵们好聪明啊！

认出这个指示牌的我也很聪明！

有蜜蜂！

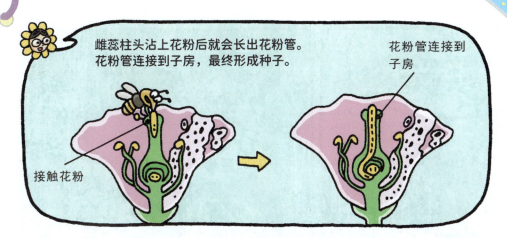

雌蕊柱头沾上花粉后就会长出花粉管。
花粉管连接到子房，最终形成种子。

花粉管连接到
子房

接触花粉

难道授粉不能在同一朵花里完成吗？

自花授粉无法结出高品质的种子，因此植物们会通过各种方法来
获取其他同类植物的花粉。

不如让雌蕊和
雄蕊的发育时
间不同吧。

万一接触到自己
的花粉，那干脆
就不结种吧。

当然也有例外，有的植物则可以自花授粉。

我们直接用自己的花粉！

辣椒的花

西红柿的花

星星草的花

原来蜜蜂一直都在做着一项非常重要的工作啊。

嗡嗡

除了蜜蜂，蝴蝶、苍蝇、甲虫和蚂蚁等昆虫也会帮助授粉。夜间开花的植物中，如月见草，则由飞蛾帮助授粉。

飞蛾，你是最棒的!

因为飞蛾在晚上活动。

通过昆虫进行授粉的植物花朵叫作虫媒花，这样的花通常颜色艳丽，香气袭人。

蔷薇

木槿花

如果没有昆虫，那植物就不能完成授粉了吗？

并非如此，有的植物还会利用水、风、鸟等进行授粉。

通过鸟进行授粉的植物叫作鸟媒花，比如蜂鸟在吸食花蜜的同时会帮助植物传播花粉。

山茶花

蓝桉

怎么你也要啄我？

呼

通过风进行授粉的植物叫作风媒花，风会带着花粉到达另一朵花。

好多花粉啊!

稻子

松树

可能是因为不需要吸引昆虫吧？这些花看起来很朴素。

阿嚏!
阿嚏!

通过水进行授粉的植物叫作水媒花，花粉漂浮在水中或水面上，然后附着在其他花的雌蕊上。

如果我帮助它们授粉，那么这些植物就会叫作"人媒花"吗？

梅花藻

荷花

怎么样，鬼怪博士的海洋花园是不是很酷？

原来植物开花是为了繁衍后代。

那么，花朵凋谢后会留下什么呢？

在第5章中，让我们来一起了解果实和种子的形态，

以及植物传播种子的高超技巧吧！

守护海洋花园

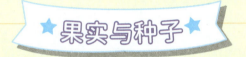

★ 果实与种子 ★

　　朴大叔开着拖拉机载着大伙，一路上鬼怪博士都一言不发。每当拖拉机颠簸时，世灿就会抬起屁股，动作十分滑稽，希望能够逗博士笑一笑。然而，沉重的气氛并没有得到缓解。

　　拖拉机发出"咔哧咔哧"的声响，不一会儿就停在了朴大叔家门口。

　　"孩子们，也许你们并不知道，我可是花岛上最好的农夫。我种的西红柿又大又红，辣椒长得特别长。"朴大叔十分自豪。

　　"我的田地里果实累累，可不像博士家的田地经常乱糟糟的，不知道有没有结出南瓜。"

说完，朴大叔瞥了鬼怪博士一眼。鬼怪博士见状干咳了几声，随后朝远处望去。

这时，孩子们纷纷向朴大叔发起了牢骚："还是我们把草都拔光的。"

"没错，刚开始我还以为那是一片草丛呢。"

"大叔，您的田地里真的结出南瓜了吗？"

"当然！"朴大叔得意扬扬地领着他们往田地走去。

没有走多久，他们就抵达了朴大叔家的田地。只见田里种着一排排长势喜人的辣椒、茄子和西红柿。阳光下，绿色的辣椒和熟透的西红柿闪闪发光。田埂旁长着密密麻麻的南瓜藤，顺着藤蔓望去，可以看见许多日渐成熟的绿色南瓜。

　　"俗话说得好'果实是听着农夫的脚步声长大的'，真是一点都不假。"朴大叔高兴地说。

　　听到朴大叔的话，鬼怪博士在后面喃喃自语了起来。"和农夫的脚步声没什么关系，植物开花后，昆虫帮忙授粉，然后花朵长出胚珠和子房，最后结出果实。"

这时，世灿指着枯萎的南瓜花说："看这里，花朵凋谢后长出了小果子。"

朴大叔听后，随手提起一株南瓜藤，向他们展示一个长得十分硕大的南瓜，说："那个小果子长大后就会变成这样，不过我手上的这个南瓜可不能摘，得留着做种呢。"

"是收获种子的意思吗？"

"对，来年得有南瓜种子才能种出南瓜，俗话说'挨饿受穷，不吃籽种'。"

参观完田地，朴大叔给了他们几袋蔬菜，里面装满了辣椒、黄瓜、南瓜、茄子和西红柿。随后，朴大叔又给了鬼怪博士一袋看起来很奇怪的棕色果实，就像是圆骨碌的脑袋上长满了刺儿。

　　"这种果实上有钩状的刺，很容易粘在人的衣服和动物的毛上。因为它总是偷偷地粘在其他东西上，所以我们又叫它'小偷刺'。用它泡茶喝，有益于身体健康。"鬼怪博士拿起一个苍耳果实解释道。

　　"记得小时候，我还经常和朋友们互相扔这个玩呢！"

　　朴大叔回想起了往事，随后拿出一颗苍耳果实朝守浩扔去。守浩躲闪不及，苍耳果实紧紧地粘在了他的裤子上。

　　世灿和安妮看着守浩，哈哈大笑了起来。

"守浩，看来你的腿得动得更快些才行。"世灿和安妮取笑完守浩撒腿就跑。

"什么？你们给我站住！"守浩抓起一把苍耳果实，正打算朝安妮、世灿扔过去，却灵机一动，停了下来。"没错，可以用这个！我的大脑果然比腿快。"

随后，守浩将大家召集起来，说："你们刚才有没有听到那些黑衣人说的话？他们说今晚没有月亮，将会一片漆黑。"

安妮一想起当时那幅场景，就恨得牙痒痒，她气愤地说："对，他们还做出挖土的动作吓唬我们呢。"

"他们打算今晚毁掉海洋花园。"

鬼怪博士听后，点了点头说："没错，因为我和花岛上的其他几位居民一直阻止他们进行开发，所以他们打算使用卑鄙的手段毁掉海洋花园。"

世灿看着守浩，问道："你有什么对策吗？"

"我们可以利用这个实行'鬼火作战计划'。"

　　听完守浩的作战计划，大家信心满满地回到鬼怪博士的家中。还没来得及坐下，守浩和世灿就从包里拿出工具，齐刷刷地摆放了一大堆。

　　鬼怪博士和朴大叔看着这些工具，惊叹道："你们怎么带了这么多东西过来？"

　　守浩和世灿相视一笑，有些不好意思地说："自从上次在山上迷了路，就学会了未雨绸缪，这次出门便把这些都带了过来。世灿，我打算利用这些工具制作弹弓，你会吗？"

世灿点了点头，自信地说："没问题，制作弹弓的任务就交给我吧。"

日落前，一切已经准备就绪。他们各自拿着弹弓和一个装满苍耳果实的袋子朝着海洋花园出发。

太阳消失在大海的身后，四周变得一片漆黑。海洋花园里的花也合拢了花瓣，好像要睡觉似的。

安妮和世灿穿梭在海洋花园里，看着静谧的夜空，心里有些担心。

朴大叔拿着弹弓拍了拍胸口，说："孩子们，相信我。论打弹弓，村子里还没人是我的对手呢。"

几人刚刚在海洋花园里埋伏好，没多久，不远处就传来了"沙沙"的踩草声。突然间，两道手电筒的灯光照射过来，那两个黑衣人果然来了。

爬上山后，那两人已经累得气喘吁吁。他们休息了一会儿，随后便肆意踩踏着花朵朝花园中央走去，接着拿起大铁锹准备挖地。

"哼，坏家伙们！"鬼怪博士气得直哆嗦。

随着守浩一声令下，"弹弓手"就位，苍耳蓄势待发！

"嗖！嗖！"闪着幽光的果实朝黑衣人袭来，涂在果实上的荧光漆散发着光芒。

　　不仅如此，鬼怪博士还用树枝敲打着锅，发出阵阵巨响。突然传来的怪声，再加上飞速奔来的不明发光物体，两人吓了一跳。那些发光的果实一个接一个地牢牢粘在他们身上，吓得他们失声惊呼："啊！这是什么啊？"

　　那两人不停晃动着身体，想要甩掉这些果实，好似在跳假面舞一样，动作十分滑稽。

嗖嗖嗖！

越来越多的闪光果实从四面八方朝他们袭来，粘得到处都是。

其中一人见此情景，连忙扔下铁锹，边跑边喊道："妖怪……妖怪……有妖怪！"

另一个人见状，也扔下铁锹跟在后面逃走了。漆黑的路上传来阵阵咣当咣当的摔倒声。

鬼怪博士见两人已经逃走，便放下树枝，站了起来。其他人见状也纷纷放下弹弓，击掌庆祝道："成功啦！成功啦！"

一旁的朴大叔紧紧抱住三人，激动地说："哎哟，你们这些小福星，真是多亏了你们。"

鬼怪博士也满脸笑容地点了点头。

晚上的海洋花园也很美。

等到了秋天，它们会长出果实吗？能吃吗？

成功授粉后，种子周围的子房会变成果实的一部分。

这么说，我们吃的果实都是子房变的吗？

并非如此！除了子房，花的其他部分（如花萼、花托等）也会变成果实的一部分。

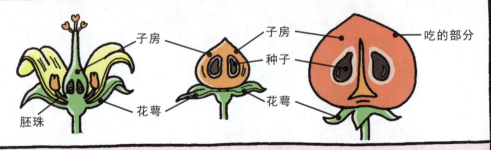

柿子的子房会结成果实

子房　子房　吃的部分

种子

胚珠　花萼　花萼

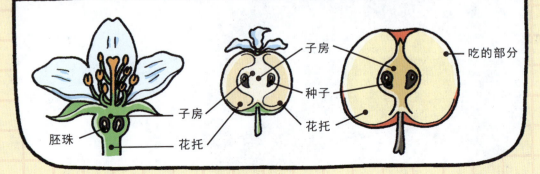

苹果的花托会结成果实

子房　吃的部分

种子

子房　花托

胚珠　花托

104

植物传播种子的方法

其一

有的植物会结出美味的果实，动物吃了果实后，种子会跟着动物到处移动，最后随粪便排出。对了！当种子成熟时，果实会变成诱人的红色；种子成熟之前，则会呈现与叶子相似的绿色，吃起来很酸涩。

其二

有的植物会将种子会附着在动物身上，从而移动到远处。这类植物的果实上长有钩状的刺，很容易就粘在动物的毛或人的衣服上。

> 就是现在！粘上去！

> 就决定在这里发芽了！

啪嗒

这类植物除了苍耳，还有鬼针草、狼把草等。

苍耳

鬼针草

狼把草

> 安妮，你不觉得这样很有创意吗？鬼针草发夹！

> 太合适了！

> 还不快点拿走？

哇！很不错！

冷静，冷静……

有的植物还会利用风传播种子。

风？不会是要飞走吧？

在我生气之前快把这东西拿走！

其三

这类植物将种子或果实悬挂在叶片或绒毛上，从而乘风飞到远处。

我会利用直升机螺旋桨般的叶片盘旋着飞向远方。

松子

我也有大大的叶片。

枫树的果实

我有伞状的绒毛。

蒲公英种子

知识进阶　想知道哪些东西是模仿植物特征发明出来的吗？那就请翻到第159页，开启科学知识进阶之路吧！

有的植物会利用荚的爆裂，"砰"的一声将种子弹到远处，如凤仙花，荚爆裂后里面的种子就会蹦出来。

只是轻轻碰了一下……

其五

有的植物会利用水将种子传播到远处，且这类植物的种子又轻又硬，水不容易渗入。例如莲子，成熟后掉入水中，然后随着水流漂向远处。

传播种子的方法真是多种多样呢！

这些方法是植物们聚在一起研究出来的吗？

有些植物不通过种子繁殖后代，而是通过茎或叶。比起播种发芽，它们的优点是长得更快、更茁壮。

农业达人登场！这可是我的专长。

草莓

茎匍匐在地面上生长，新叶从茎的末端长出来并生根，就形成了秧苗。将小秧苗剪下种进土里即可。

土豆

发芽的土豆就是土豆种子，将其分成几块种进土里即可。

红薯

将它的茎砍断种进土里即可。

葡萄树

将树枝折断种进土里即可。

虎尾兰

将它的叶子剪下种进土里即可。

宇宙飞船的温室里也有植物生长。

沙漠、河流、池塘、热带雨林……

植物以各种形态生长在地球的每个角落。

如果你仔细观察，就会发现它们在不断地适应环境，

巧妙地生活着。

在第6章中，让我们一起来瞧一瞧生长在不同环境里的

植物都有哪些生存技巧吧！

渐行渐远的友情

生长在不同地方的植物

守浩拿着煮熟的土豆，一边蘸着糖，一边说："第一轮计划圆满成功。他们现在应该知道那不是妖怪，而是苍耳果实了吧？"

世灿听后，有些幸灾乐祸地笑着说："他们取下那些苍耳果实也要花上不少工夫吧？"

守浩小心翼翼地问安妮："安妮，事情办得怎么样了？"

"嗯，正发着呢，别跟我说话，这座岛的命运现在可掌握在我手中。还有，你们两个别把土豆吃完了。"

安妮目不转睛地盯着手机，手指在屏幕上飞舞。

世灿一边大口吃着土豆，一边嘀咕："土豆不是根，而是茎。现在每当我吃土豆的时候，我就会想起这句话。"

　　"世灿，吃饭得细嚼慢咽，边吃饭边说话不利于消化。要想消化好，首先要把食物在嘴里多嚼几下，让食物和唾液混合均匀……"守浩语重心长地说。

　　"别说了！"

　　安妮放下手机，抓起一个土豆塞进嘴里，顺势用小番茄堵住守浩的嘴，说："只有确保明天的第二轮计划顺利完成，我们才能守住海洋花园。"

"度假村的开发计划真的会被取消吗？"世灿还是有些不放心。

"不管怎么样，我们都得试一试。如果一切顺利，那些赞成开发度假村的居民就会改变想法。如此一来，既能保护海洋花园，又能进行开发利用，岂不是一举两得？"

在守浩认真讲解的间隙里，盘子里的土豆和小番茄被一扫而光。

"你们真是太过分了，居然在我畅想花岛未来的时候……"

　　"哈哈，都别吵了，朴大叔又给你们送来了好东西。"鬼怪博士一边说着，一边端来了一盘热气腾腾的玉米，问道，"不过，你们刚刚提到的第二轮计划是什么？我们现在可是一个团队，难道不应该告诉我吗？"

　　世灿忽略了博士的话，伸手正准备去拿玉米，安妮就拍了下他的手背，训斥道："长辈还没开始吃呢，你怎么就先动手了！博士，您先吃。"

　　鬼怪博士接过安妮递来的玉米，哈哈大笑道："哇，卷发比我想象中更有礼貌呢。"

　　"博士，您边吃边回答我，好吗？您和派我们来岛上的毛团奶奶究竟是什么关系？如果您告诉我们，我就会告诉您第二轮计划。"安妮灵机一动，提出了交换秘密的条件。

守浩和世灿听后，也纷纷缠着鬼怪博士："博士，我们也很好奇，求您告诉我们吧。"

　　鬼怪博士犹豫片刻，随后从抽屉里拿出一本旧相册："看完这个，你们就会明白了。"

　　翻开相册，首先映入眼帘的是年轻时的鬼怪博士，博士那时虽然没有白胡子，但头发和现在一样凌乱，所以孩子们一眼就能认出他。

　　这时，守浩指着一张照片问道："博士，这张照片是在哪里拍的？"

照片上，鬼怪博士正撑着船行驶在巨大的沼泽之中。

"让我看看，哦！这是我在牛浦沼泽研究水生植物时拍的照片。"

"水生植物？"世灿疑惑地挠了挠头。

"顾名思义，水生植物就是生长在水里的植物，牛浦沼泽可是个观察各种水生植物的好地方。这里还有当时拍的水鳖草、菱角和浮萍的照片呢。"

世灿好奇地看着这些照片。

鬼怪博士一边指着那些绿色植物的照片，一边耐心地讲解照片的内容。

守浩说："我一直以为只有在山上和田野里才会生长很多植物，没想到水里竟然也有这么多植物。"

这时，守浩又指着另一张照片问道："博士，这朵花……"

照片中的鬼怪博士坐在一朵巨大的红色花朵旁边。

"这张照片是在马来群岛的婆罗洲岛拍的，当时我去那里研究热带雨林中的植物。"

守浩听后，接着问道："这是世界上最大的花，名叫大王花，对吗？我在书上看到过，它的气味真的有那么难闻吗？"

"没错，这就是大王花，花的直径足足有一米，并且闻起来有一股腐烂的气味，奇臭无比。"

世灿好奇地看了一眼照片，问道："不过，大王花怎么只有花朵，没有叶子和茎呢？"

大王花是一种寄生植物，由于没有叶子、茎和根，所以不能自己制造养分，因而它会附着在其他植物的茎上生长。

有昆虫帮它们授粉吗？气味这么刺鼻，应该没有昆虫会喜欢吧？

突然好想吃芝士！

有些昆虫就喜欢腐烂的气味，比如苍蝇，它们会往返于雄花和雌花之间，在这个过程中能够帮助花朵授粉。

啊！好香。

鬼怪博士详细地为他们解释了大王花的习性，守浩听后，瞪大眼睛感叹道："大自然真是太有趣了，我也好想去环游世界。我能再看看其他照片吗？对了，您去过沙漠吗？"

"当然去过，只要是有神奇植物的地方，我都去过。让我来找找看……找到了！"

照片上，鬼怪博士旁边的沙地上长着一棵很高的仙人掌。

"这是树形仙人掌，主要生长在中美洲的沙漠里，树形仙人掌体型巨大，能长到10米多高，由于它的外形很像一根柱子，所以也有人会叫它'柱状仙人掌'。"

三人都被大自然的鬼斧神工征服了，睁大眼睛惊叹道："这哪里是仙人掌啊，这分明就是参天大树！"

"没错，对一些美洲居民来说，树形仙人掌就像是慷慨的大树。它们的躯干可以用来盖房子，果实可以用来制作果酱。"

鬼怪博士不停地翻看着相册，向三人展示着生长在各种环境里的神奇植物。

照片中，有各种各样的仙人掌。

"哦？这是什么仙人掌？"

照片中的花，白得十分耀眼。

"这种仙人掌有'月下美人'之称，原产于热带地区，夜幕降临后，它会开出又大又香的花，据说它的香气会引来许多蝙蝠和飞蛾。"

也许是回想起了过去，鬼怪博士的眼睛湿润了。

"不过，这本相册和毛团奶奶有什么关系呢？"安妮问道。

听到安妮的话，鬼怪博士耸了耸肩，说："当然有关系，这些照片都是毛团奶奶拍的。"

听到鬼怪博士的回答，三人惊讶地看着他，问道："您和毛团奶奶一起研究过植物吗？"

"那为什么30年都没联系过呢？"世灿追问。

鬼怪博士听后，干咳了几声，回答道："年轻时，我和她是十分要好的朋友，一起去世界各地研究稀有植物，但是……"

鬼怪博士说着说着，停下来挠了挠头。

"我们……吵架了。"鬼怪博士支支吾吾地说。

三人听后，都满脸好奇地盯着鬼怪博士，希望鬼怪博士

继续说下去。

"那是因为……"

"什么？原来她并没有扔掉花籽？"鬼怪博士喃喃自语了很久，重复说了很多遍"原来如此"。

"当时她非常生气，便把'传说中的花籽'全都扔掉了。从那以后，我们就再也没见过面，更没联系过。"

安妮听后，一脸惋惜地说："博士，毛团奶奶直到现在都还留着'传说中的花籽'呢。"

一旁的世灿见状，笑着说："博士，那您现在可以和奶奶和解了，奶奶很担心您呢。"

"咳咳，和解？你们该去睡觉了。"鬼怪博士干咳一声，随后便起身走了出去。

安妮一脸疑惑，感叹道："天啊！因为那区区一块方便面，他们竟然30年都没再联系过。"

"什么区区一块方便面！我完全能够理解毛团奶奶当时的心情。"世灿说道。

听了世灿的话，安妮变得更加郁闷了。

"不管怎样，他们应该会找回曾经的友谊吧？"

守浩的话给二人带来了一丝希望，安妮和世灿听后，纷纷点了点头。

沙漠植物之仙人掌

你们不觉得那个树形仙人掌很大吗？

沙漠很少下雨，它怎么能长那么大呢？

沙漠中的植物会不断改变自身的特性，以此适应干燥且昼夜温差大的沙漠环境。

为了能在干旱的沙漠中生存下去，我们做了许多改变。

叶子变尖，减少水分流失。

外壳变硬，减少水分流失。

茎变粗壮，储存更多的水。此外，我们还会在下雨时舒展茎上的褶皱，以便储存更多的水。

干旱时　　下雨时

仙人掌的刺能保护其免受动物啃食。

好渴……可是被这个扎一下应该很疼吧？

哆哆嗦嗦

知识进阶　想知道沙漠中还生长着哪些植物吗？那就请翻到第160页，开启科学知识进阶之路吧！

生长在江河和池塘里的植物

我觉得刚才那张沼泽的照片也很神奇，整个水面看起来都绿油油的。

没错，水面被许多植物覆盖着。

那些生长在江河和池塘里的植物中，有的扎根在水底且生活在水面以下，有的则是浮在水面上。

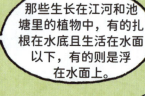

在水下生长的植物

它们细长且柔软的叶子会随着水流摆动，如大叶藻、狐尾藻、黑藻等。

浮在水面上生长的植物

它们从外形上看就十分适合浮在水面，如浮萍、水莴苣、水葫芦等。

大叶藻

狐尾藻

水莴苣

浮萍

黑藻

水葫芦

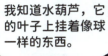

我知道水葫芦，它的叶子上挂着像球一样的东西。

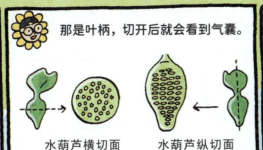

那是叶柄，切开后就会看到气囊。

水葫芦横切面　　　水葫芦纵切面

因为水葫芦的叶柄里有空气，所以它才能浮在水面上啊。

叶子浮在水面的植物

有些植物根扎在水底的泥土里，叶子浮在水面，如眼子菜、菱角、睡莲等。

叶子长出水面的植物

有些植物根扎在水底的泥土里，叶子长出水面，这类植物的茎长得又高又结实，能够承受水流冲击，如菖蒲、荷花、香蒲等。

丽水眼子菜

荷花

菱角

睡莲

菖蒲

香蒲

生长在热带雨林中的植物

令我印象最深刻的就属大王花了。

除了大王花，热带雨林中还生长着很多奇特的植物。

泰坦魔芋

生长在苏门答腊岛，作为世界上最高的花，它最高可达3米，散发出的腐烂气味会吸引苍蝇和埋葬虫。

嗡嗡——

橡胶树

斜着划开它的树干，就会有白色的汁液流出，那便是天然橡胶，也叫作乳胶。

真是一叶扁舟！

亚马孙王莲

它生长在巴西的亚马孙河上，叶子直径可达3米。

热带雨林中还生长着一些会捕食昆虫的植物。

这种植物被称为捕虫植物或食虫植物。

什么?

猪笼草

叶子的一部分呈桶状，内壁光滑，且里面有消化液。那些来吃蜜的昆虫一旦掉入消化液中，就无法逃脱！据说它甚至能够捕食鸟和青蛙。

是我的！

是我的！

毛毡苔

它那像勺子一样的叶子上长有长长的腺毛，当昆虫落在上面时，它会先用叶子将其包裹住，然后释放消化液进行分解。

捕蝇草

其嘴里像刺一样的感觉毛一旦被虫子触碰，就会迅速闭合，虫子就会被夹住，真是"插翅难飞"！

昂

逃不出去了！

129

植物和我们一样，也会有规律地度过属于自己的一生。

种子发芽、茎叶生长、开花结果、留下种子。

这便是植物的一生。

在第7章里，让我们通过探寻植物的一生来感受生命的

神秘和意义吧！

意外的"救世主"

★ 植物的一生 ★

鬼怪博士、朴大叔还有孩子们站在码头边，海风徐徐地吹着，海面上波光粼粼，大伙的希望，正沐浴着温暖的阳光朝花岛驶来。

世灿朝朴大叔问道："叔叔，船什么时候来啊？"

"你已经问了快100万次了，再过一会儿就来了。"

守浩和安妮也伸长脖子朝大海望去。

"他们真的会来吗？"

安妮坚定地回答道："会来的，他们答应会来的。"

"啊，船来了！"

过一会儿是几分钟？

第一百万零二十三次！！

"哪里？在哪里？"

听到守浩的话，世灿兴奋地边跑边喊。

"你应该看不见，只有戴上我这副神奇的眼镜才能看到。"守浩颇有些得意地说。

"什么，难道你在眼镜上安装了望远镜？或者在你遇到危险时，它会变身成为机器人？"

"哦？你怎么知道？"

说完，守浩便捂住眼镜，假装逃跑。突然，他脸色发白，说话也变得结结巴巴。

　　黑衣人来势汹汹，仗着人多，不由分说地挟持住博士和朴大叔。三个孩子虽然十分害怕，但为了阻止黑衣人带走博士和朴大叔，他们都勇敢地挡在黑衣人面前。

　　"让开，小家伙。"

　　就在其中一个黑衣人要对安妮动手时，朴大叔突然喊道："快看，船来了！"

　　船很快就到了码头。就在船靠岸时，不远处传来了孩子们熟悉的呼唤声。

　　"守浩，安妮，世灿！"

　　英雄一边呼唤着他们，一边朝他们挥着手。在英雄身后还站着老师和同学们。三人见状高兴地手拉着手，欢快地庆祝了起来。

"来了，真的来了。"

在看到有很多人从船上下来后，黑衣人们悄悄往后退了几步。

"他不是吴英雄吗？青少年足球界的超级明星，他怎么来花岛了？"朴大叔兴奋地叫喊着。

英雄和同学们则是围着安妮、守浩、世灿三人交谈了起来。

"你把照片发过来后，我们纷纷转发到了朋友圈进行宣传，果然吸引了许多人。可惜船太小了，大家没能都过来。"

正如英雄说的那样，游客络绎不绝、三五成群地从船上下来。没过一会儿，船又开走了，船长说还要把剩下的游客都接过来。

守浩眼含热泪地说："英雄，谢谢你！同学们，谢谢你们！"

"不用客气，没什么大不了的，我有很多粉丝，你看，昨天我一收到你们发来的照片，立马就上传到了朋友圈。"

英雄边说边向守浩展示他的朋友圈。

鬼怪博士带着所有人朝海洋花园出发，这是他第一次见到这么多外地人来花岛观光。所有人都整齐地排着队，有序地跟在鬼怪博士后面。

花岛上的居民见此情景，都满脸好奇，惊叹道："这是怎么回事啊？"

"应该是来参观海洋花园的吧？"居民们七嘴八舌地交谈着。

守浩他们也兴高采烈地跟在后面。

登上山丘后，蔚蓝的大海和各种鲜花交相辉映，所有人都被眼前壮丽的景色震撼得说不出话来，到处都是"咔嚓咔嚓"的拍照声。

"请问这些都是您一个人建造的吗？您又是什么时候开始建造这座花园的呢？您为什么要建造海洋花园呢？"

电视台和报社的记者们围着鬼怪博士展开了一系列的提问。

"一开始，我来花岛是为了潜心研究植物。后来，为了让更多人知道这个美丽的岛屿，于是我便播种了许多花籽……哈哈哈。"

　　鬼怪博士兴高采烈地讲了一大堆关于植物的知识。

　　这时，一位记者问道："博士，据说这里将要被开发成度假村，海洋花园是否正面临消失的危机？"

　　一说起这个话题，鬼怪博士就气得白胡子发抖，回答道："没错，有些人在没有征得花岛居民们同意的情况下，打算强行推进开发。"

"您能说得再详细一点吗？"

这时，守浩他们拽了拽记者们的胳膊，大声喊道："那边，那边！坏人在那边！"

顿时，所有人都朝他们所指的方向望去，只见树的后面有两个戴着墨镜的黑色身影正偷瞄着他们。

"那些人晚上偷偷过来破坏花园，手里还拿着大铁锹……"

他们向记者们讲述了这段时间发生的事情。

记者们听后，一窝蜂地朝树后跑去，想要采访一下这几位黑衣人。

黑衣人们见记者们纷纷朝他们跑来，便慌慌张张地逃跑了。虽然是白天，但不知道是不是因为他们扭着脚了，远处不时传来七零八落的摔跤声。不过一旦新闻报道发布出去，那帮人便再也不敢对海洋花园做什么手脚了。

　　"大家得赶在日落前乘船回去。"朴大叔朝人群喊去。

　　尽管游客们都十分不舍，但还是跟着朴大叔返回了码头。

　　见此情景，守浩他们也一脸失落地说："我们也该回去了。"

大家在码头等船的时候，鬼怪博士给每个人都送了一个小纸袋。

"博士，这是什么？"

鬼怪博士神神秘秘地回答道："我在里面放了生命。"

守浩用指尖轻轻一摸，发现里面有一个又小又圆的东西。

"是种子，对吗？"

"没错，种子种下后，在它发芽的那一瞬间，植物的一生便开始了。一定要用心播种，让它茁壮成长，抽芽、开花，再结出种子啊。"

安妮拿着纸袋，皱着眉头说："博士，我不会种植物。"

"种子发芽只需要两个条件，把这两个条件弄清楚后，好好照料就行。"鬼怪博士对安妮十分有信心。

"博士，等种子开花结果，我会再来的。"说完，世灿小心翼翼地将纸袋放进口袋。

鬼怪博士不舍地挥着手，直至船渐渐远去，消失在蓝天的尽头。

守浩的 备忘录

我们种下了从花岛拿回来的种子，迫不及待地想知道这些种子会长出什么样的叶子、开出什么样的花，以及结出什么样的果实。

对了，如今去花岛参观海洋花园的游客也多了起来。度假村开发项目被取消了，花岛居民们自己开发起了旅游项目。

鬼怪博士给了你们什么种子？我的是百合花籽。

我的是四季豆种子。

我的是柿子种子，好想快点种下，然后吃柿子。

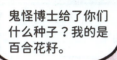

各种植物的果实和种子

香瓜

苹果

草杜鹃

四季豆

核桃

凤仙花

这些种子的形状和颜色都各不相同。不过，为什么有的叫种子，有的却叫籽呢？

柿子

枣

二者意思一样，只是说法不同，种子这个称呼多用于蔬菜和谷物。

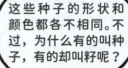

145

种子的结构

这么坚硬的外壳里居然能长出嫩芽,真是太神奇了。

种子里有什么呢?

有一个沉睡的植物精灵,她一到春天就会从睡梦中醒来,然后发芽。

啊?

其实,种子由胚和胚乳组成,胚会长成植物,胚乳中储存着让胚生长的养分。

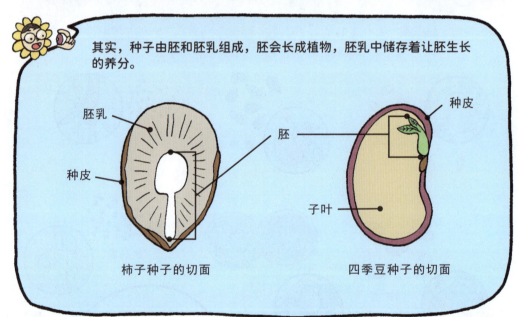

胚乳

胚

种皮

种皮

子叶

柿子种子的切面

四季豆种子的切面

像四季豆这样的豆科植物没有胚乳,它的养分被储存在子叶中。

种子里原来有植物和养分啊。

小小的种子里竟然有一个世界!

即使放置很长时间，种子也能发芽。以色列的科学家就曾使2000年前的棕榈籽发芽；韩国的科学家也曾使1200年前的荷花种子发芽。

我沉睡的时间比你久。

2000年？

真厉害。

鬼怪博士曾告诉我们，种子发芽需要两个条件，即适量的水和适宜的温度。

嘿，我可是个挑剔的豆子！

水少则会干瘪。

15℃~30℃摄氏度的温度刚刚好。

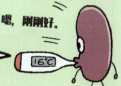

水多则会腐烂。

将泡过水的种子放置于冰箱里会不会发芽？

当然不会，因为温度不适宜。

既然已经弄清楚种子发芽的必要条件，那我们赶快去种吧。

回答正确！

播种的正确步骤。

①用滤网或小石子盖住花盆底部的排水孔。

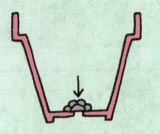

②倒入3/4的营养土。

③播种深度为种子大小的2～3倍。

④充分浇水后，将其放置于阳光充足的地方。

148

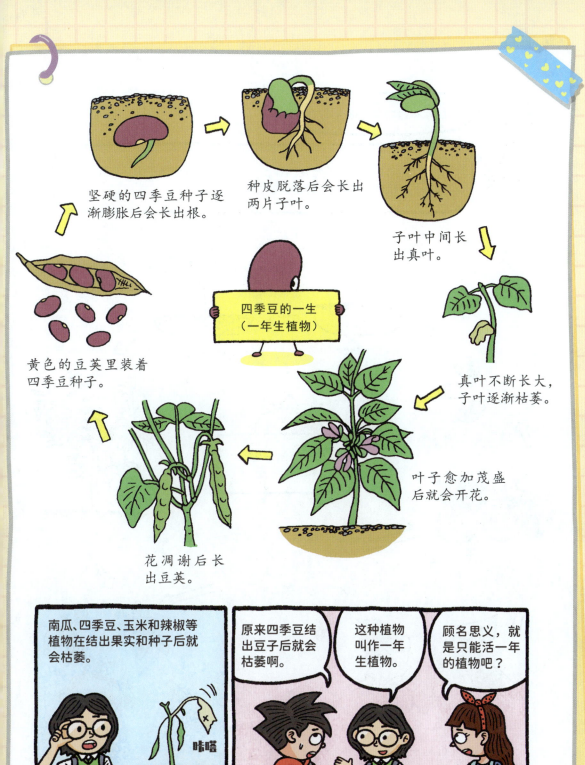

坚硬的四季豆种子逐渐膨胀后会长出根。

种皮脱落后会长出两片子叶。

子叶中间长出真叶。

四季豆的一生
（一年生植物）

黄色的豆荚里装着四季豆种子。

真叶不断长大，子叶逐渐枯萎。

叶子愈加茂盛后就会开花。

花凋谢后长出豆荚。

南瓜、四季豆、玉米和辣椒等植物在结出果实和种子后就会枯萎。

咔嗒

原来四季豆结出豆子后就会枯萎啊。

这种植物叫作一年生植物。

顾名思义，就是只能活一年的植物吧？

149

树木不是能存活很久吗？

没错，寿命超过两年的植物叫作多年生植物，例如柿子树，它到了冬天也不会枯萎，第二年春天又会长出新叶。

发芽。

子叶枯萎后长出茎和叶。

柿子种子掉到土里。

柿子树的一生
（多年生植物）

几年后长成树。

到了秋天，柿子成熟后里面长出种子。

柿子树结果后并不会枯萎，顺利度过冬天后，每年春天都会再次开花结果。

每年春天都会长出新芽，然后长出茎和叶。

花凋谢后结出果实。

5～6月开花。

在田野里和山上就长着许多一年生和多年生的植物。

现在就去后山瞧一瞧。

你忘了上次我们迷路了吗？

大部分的草都是一年生植物，例如狗尾草和藜草。但也有一些草属于多年生植物，例如蒲公英和三叶草。

狗尾草

蒲公英

三叶草

树都是多年生植物，挺过寒冷的冬天，到了春天就会长出新叶。

松树

栗子树

柿子树

我就像树一样结实！

你分明就像草一样弱不禁风，禁不起风吹雨打。

151

是不是以为都学完了？

哈哈，其实还剩一个！

那就是"科学知识进阶"！

如果能掌握这些知识，那么无论何时何地，我们都能向

别人介绍清楚自己所学到的科学知识。

接下来，就让我们一起走进最后一个故事吧！

就算闭着眼睛，我也能翻到科学知识进阶这一页。

我真是太厉害了！

153

上接第27页

植物细胞与动物细胞有什么不同

植物和动物都由细胞组成，但通过对比观察，就会发现动物细胞和植物细胞并不相同，其基本结构如下图所示。

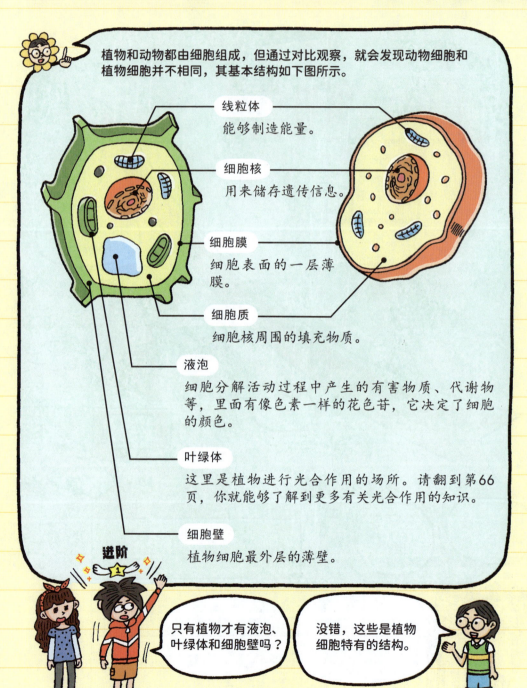

线粒体
能够制造能量。

细胞核
用来储存遗传信息。

细胞膜
细胞表面的一层薄膜。

细胞质
细胞核周围的填充物质。

液泡
细胞分解活动过程中产生的有害物质、代谢物等，里面有像色素一样的花色苷，它决定了细胞的颜色。

叶绿体
这里是植物进行光合作用的场所。请翻到第66页，你就能够了解到更多有关光合作用的知识。

细胞壁
植物细胞最外层的薄壁。

进阶 1

只有植物才有液泡、叶绿体和细胞壁吗？

没错，这些是植物细胞特有的结构。

154

上接第47页

根与根瘤菌

植物的生长离不开各种营养元素，但豆科植物无法吸收氮元素。

那怎么办？它们又不能像人一样去超市里买。

但是，豆科植物的根部住着它的好朋友！就是这些看起来像"瘤子"的结节！

唰！

这是什么？好恶心！

是根瘤菌的住所。

根瘤菌？

没错，根瘤菌生活在豆科植物的根部，帮助它们吸收环境中的氮气，这些小瘤子就是根瘤菌形成的。作为回报，豆科植物需要给根瘤菌提供生存的场所和营养物质。

哦，原来是在互相帮助啊！

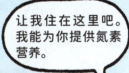

让我住在这里吧。我能为你提供氮素营养。

成交！

这种互相帮助的关系就叫作共生关系。

155

上接第48页

为什么树木有年轮

树木被砍后出现的圆圈就是年轮。

春夏季节，形成层会活跃地制造细胞，即颜色浅的部分。

秋冬季节，形成层会产生小而坚硬的细胞，即颜色深的部分。

年轮

随着浅色与深色部分的交替产生，就形成了年轮。树木每年都会形成一个年轮，因此通过数年轮就可以知道它的年龄。

进阶 2

所以草没有年轮，只有树有。

可是竹子怎么不会变粗呢？

竹子其实是草，并没有年轮，只是人们经常会因为它的外形十分像树而将其误以为是树。竹子不会越长越粗，只会不断向上生长。

我不是树，是草哦！

上接第65页

叶形的分类

我们可以根据叶子的形状对它们进行分类。

你是说外形吗？

它们看起来都不相同，该如何分类呢？

仔细观察就会发现，某些植物的叶子存在着共同点。

 枫树

 三叶草

狗尾草

 松树

 银杏树

 柳树

叶子的整体是否修长
是：狗尾草、松树、柳树
否：枫树、三叶草、银杏树

叶子的顶端是否尖
是：枫树、狗尾草、松树、柳树
否：三叶草、银杏树

叶子的边缘是否为锯齿状
是：枫树、三叶草、柳树
否：狗尾草、松树、银杏树

进阶 2

锯齿状？

就像这样，边缘有锯齿。

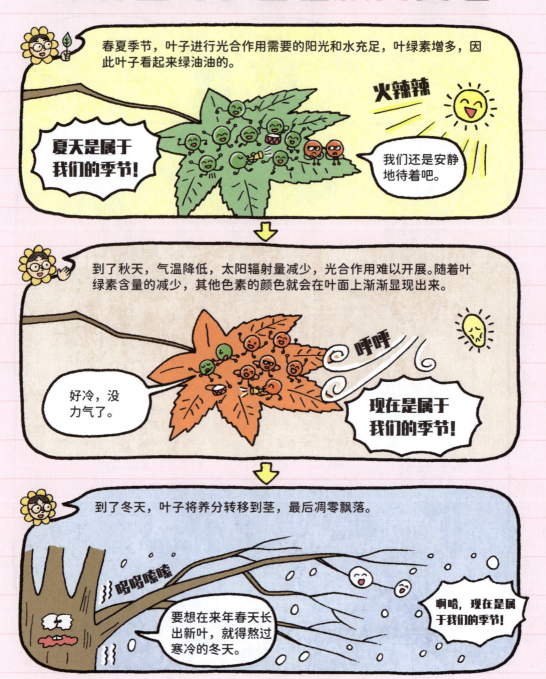

上接第66页

为什么叶子会在秋天变色

春夏季节，叶子进行光合作用需要的阳光和水充足，叶绿素增多，因此叶子看起来绿油油的。

火辣辣

夏天是属于我们的季节！

我们还是安静地待着吧。

到了秋天，气温降低，太阳辐射量减少，光合作用难以开展。随着叶绿素含量的减少，其他色素的颜色就会在叶面上渐渐显现出来。

好冷，没力气了。

呼呼

现在是属于我们的季节！

到了冬天，叶子将养分转移到茎，最后凋零飘落。

哆哆嗦嗦

要想在来年春天长出新叶，就得熬过寒冷的冬天。

啊哈，现在是属于我们的季节！

上接第107页

模仿植物的发明

我们使用的物品中，有些是模仿植物功能和外形制作出来的。

苍耳果实　　　　　　　　**黏扣带**

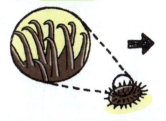 

放大后，它们看起来真的好像苍耳。

利用苍耳果实的易粘合性制作了黏扣带。

枫树果实　　　　**单叶电风扇**

这个风扇是不是和旋转着落下的枫树果实很相似？

榆树叶　　　　**雨水收集装置**

模仿叶子将雨水聚集在中间的特性而制作出的集水装置。

荷叶　　　　　　　　　　**防水衣**

发明家们竟然利用植物的特征发明了这么多东西，看来我还要继续努力才行！

将荷叶放置在显微镜下进行观察，我们就会看到一些微小的突起。这些突起使水不会渗入叶片，而是凝结成水珠从叶面滑落。防水衣便是利用荷叶的这个特征制作出来的。

上接第125页

沙漠里的各种植物

沙漠里除了仙人掌以外，还生长着其他植物。

嗖！

让我来告诉你们沙漠里有哪些有趣的植物吧。

吓我一跳！

这是生长在非洲的猴面包树，能长到20～30米高。它的根比其本身更长，所以可以在地下深处找到水，并将水储存在粗壮的树干中，即使在干旱的沙漠，猴面包树也可以长得很高大。

因为它的叶子长得像传说中龙的舌头，所以叫龙舌兰。

叶片边缘的刺看起来很锋利呢。

这个我认识！风滚草！它总是在沙漠中滚来滚去。

没错，如果缺水，风滚草的叶子和茎就会干枯，根也会随之断裂，然后它就在沙漠中随风滚动。等到下雨或抵达有水的地方，它就会重新扎根，茁壮成长。